# HAMBURG GEHEIM

Lou A. Probsthayn

# HAMBURG GEHEIM

**Die unbekannten Seiten der Stadt**

BOYENS

ISBN 978-3-8042-1248-0
© 2008 Boyens Medien GmbH & Co. KG, Heide
Vollkommen überarbeitete und erweiterte Neuauflage
Alle Rechte vorbehalten
Herstellung: Boyens Buchverlag
Herstellungsbetreuung: Tanja Sponholz
Gestaltung: Dörte Kromrei, Michaela Plett
Druck: Boyens Offset, Heide
Printed in Germany

# Inhalt

# Vorwort
## (Der Autor und sein heimlichstes Bier)

Wenn Sie diese Seiten lesen, diese unbekannten Seiten der Stadt, sitzt in meinen Augen noch immer der Spion – auf der Suche nach dem Unglaublichen, dem Unsichtbaren und den Geheimnissen von Hamburg. Und die aufregendsten Informationen sind immer noch gut versteckt, vielleicht weil sie so seltsam scheinen und niemand sie an das Licht der Öffentlichkeit zu bringen wagt. Natürlich waren es die „verschlossenen" Geheimnisse von Hamburg, die mich aktiv werden ließen. Es waren ihre spannenden Geschichten, die sie erzählten und die so wahr sind – so wahr wie die Orte, Plätze und Bauten, von denen ich Ihnen erzählen möchte. Zum Beispiel von einer mysteriösen Wohnung. Von einem geheimnisvollen Dialog im Dunkeln. Von einem Stück Kultur unter der Erde. Und warum diese Suche nach dem Geheimen? Vielleicht lässt sich das am besten mit einer kleinen Anekdote erzählen, der obskuren Geschichte meiner ehemaligen Nachbarn, die einem sehr versteckten Gewerbe nachgegangen sind. Sie lebte nur einen Block weiter, die Familie, diese spezielle Familie aus Winterhude, die in ihrem nur zwanzig Quadratmeter großen Wohnzimmer eine Kneipe eingerichtet hatte. Öffnungszeiten? Ich musste schon anklopfen und warten, bis einer aus der Familie sich die Mühe machte, die Tür auf ein Bier zu öffnen. Im Innern lag Rauch und Biergeruch in der Luft, und der schmucklose Tresen zog sich diagonal durch das ganze Wohnzimmer. Ein paar trostlose Holztische, getäfelte Wände und ein Wimpel vom FC St. Pauli bildeten das karge Ambiente in dieser im Untergrund geführten Kneipe. Sie lag irgendwo in Winterhude, und eben nicht um die Ecke, sondern in der dritten Etage in einem Altbau. Vermutlich habe ich an diesem Abend am Tresen das heimlichste Bier von Hamburg getrunken. Das ist vor zwei Jahren gewesen, die Sache mit dem Bier, und wie es heute um das

Geschäft der Familie steht, das wird wohl für immer ein Geheimnis bleiben. Aber diese seltsame Kneipe ist in meinem Kopf haften geblieben, sie hat meine Neugierde geweckt, und sie hat mich in der Folge geheime Orte entdecken lassen, die in diesem Buch endlich ihre wahren Gesichter zeigen werden. Es sind Orte in Hamburg, die Sie vielleicht noch nicht betreten oder erlebt haben. Aber sie stecken mitten im Leben der Hansestadt. Und warten nur darauf, von Ihnen entdeckt zu werden!

# Der alte Mann und das Bier

## (Die Schanzenburg und andere Seltsamkeiten)

**Saal II**
**Schulterblatt 83**
**20357 Hamburg**
**Anfahrt mit S 11, S 21, S 32, U 3 bis Sternschanze**

**Weltschmerz**
**Neuer Pferdemarkt 19**
**20359 Hamburg**
**Anfahrt mit U 3 bis Feldstraße**

Da sitzt er nun im Saal II auf der Schanze, einem kult- und kulturverdächtigen Café direkt an der Piazza am Schulterblatt. Er nennt das Café Büro, die Gäste sagen Schriftsteller zu ihm. Andere sagen nur: „Der alte Mann und das Bier!" Vor ihm das Bier auf dem Tisch, an dem er seine öffentlichen Sprechzeiten abhält. Immer zwischen 15 und 18 Uhr. Und er hat viel zu erzählen, auch viel zu verraten. Ein Freund hat mir diesen Tipp gegeben, ihn zu besuchen, ihm ein Bier zu opfern. Das klingt nach einem Termin bei einem Orakel. Einem Orakel, das vom

Geheimen, vom Unbekannten und vom Morgen in der Stadt Hamburg zu berichten weiß. Und mir sind längst alle Geheimnisse ausgegangen. Mit dem Bier von der Bar setze ich mich zu meinem Orakel und trage ihm mein Begehren in seine Ohren. Der alte Mann und das Bier fangen an, die Stadt zu verraten, mir die Dinge in ihr zu nennen, die noch niemand benannt oder befragt hat, um sie aufzudecken, der Öffentlichkeit preiszugeben.

„Kennst Du diesen Passbildautomaten, der neben dem Schlachthof!?" Ich kenne den Passbildautomaten neben dem Schlachthof nicht.

„Wenn Du aus der U-Bahn-Station Feldstraße kommst, gleich gegenüber, rechts vom Schlachthof, da wo der Platz mit der Tribüne ist, da ist auch diese Tiefgarage. Und oben am Eingang steht dieser Passbildautomat. Kein Mensch kann sich erklären, warum er dort steht – am Eingang einer Tiefgarage."

Alleine ihn zu finden, wird das Geheimnis dieser Ausführungen sein, vermute ich im Unausgesprochenen und Privaten. Der alte Mann sieht mir mein Problem, ein wenig auch meine Enttäuschung an und versucht, mich erneut anzufüttern.

„Und was ist mit der schwarzen Bar am Neuen Pferdemarkt 19, von der niemand weiß, wie sie heißt. SU*B, ZOÉ 3, WELT-SCHMERZ. Und deren Einrichtung ein komplettes Spiegelbild der gegenüberliegenden Sofa-Bar ist. Außerdem öffnet sie nur dreimal in der Woche." Mein alter Mann triumphiert über das Erstaunen in meinem Gesicht.

„Schwarz?", wage ich nachzufragen.

„In dieser Bar ist einfach alles schwarz, die komplette Einrichtung, die Wände, der Boden, die Decke. Ich meine wirklich alles. Auch die Toilette, das WC, das Waschbecken …"

Ich sage nicht schwarzsehen, ich verbiete mir diese Art von Humor und stelle meinem alten Mann das zweite Bier zwischen seine Hände. Ich will mehr Geschichten und Geheimnisse aus seinem Mund.

„Seltsam, seltsam sind auch diese Leute zwischen Schulterblatt, Bartelsstraße und Schanzenstraße, von denen niemand weiß, woher sie kommen, was sie wollen und wer dort eigentlich wirklich lebt."

Ich verstehe auf der Stelle nichts mehr und signalisiere das auch, indem ich **nicht** zum Tresen gehe, um das dritte Bier zu bestellen.

„Das Tor oder auch der Eingang zu ihnen liegt genau gegenüber vom Café Stenzel im Schulterblatt. In der Regel ist dieses Tor mit zwei großen Stahltüren verschlossen. Aber dann ist es mir vor ein paar Tagen gelungen, in ihre Welt einzudringen."

Ich liebe Hinterhofgeschichten, bin auch immer wieder überrascht, wie viel Hinterhof es in Hamburg gibt und wie viel verborgene Welten in ihm stecken.

„Und was ist da zu sehen. Einer dieser Hinterhöfe?", frage ich meinen alten Mann.

„Ich bin mir nicht sicher, ob es sich um einen Hinterhof handelt oder um einen Straßenzug, der gleich einem Gleis stillgelegt worden ist. Direkt hinter dem Torbogen findet sich auf einer Fassade eine riesige aufgemalte Kamera, die mit einem dicken roten Strich versehen ist. Sie wollen nicht fotografiert werden, die, die hier leben."

„Vermutlich sind sie zu oft fotografiert worden."

„Vermutlich wollen sie nicht gesehen werden. Kurz nach den Häuserfassaden läuft man dann über ein Fußballfeld und kommt tatsächlich hinten in der Schanzenstraße wieder raus."

Diese Geschichte interessiert mich und, wie man so sagt, auch die Menschen dahinter. Ich weiß, das wird mich das dritte Bier kosten, und ich bin auf dem Weg zum Tresen.

Aber dann ist er nicht mehr da, da an seinem Platz, da wo ich das dritte Bier hinstellen wollte. Da stehe ich nun und werde kurz von der Seite angeflüstert.

„Er ist zurück."

„Zurück?"

„In die Schanzenburg."

„Schanzenburg?"

Sehr viel später folge ich seinen Worten. Ich stehe vor dem Café Stenzel, in meinem Blick die Stahltüren der Schanzenburg.

# Rumstehen!
# Einfach nur rumstehen!
## (Die Skulpturen in der Chemnitzstraße)

**Adresse:**
**Chemnitzstraße von Anfang an**
**22767 Hamburg**

**Anfahrt: Mit der Linie 20 bis Station Max-Brauer-Allee (Mitte),**
**Fußweg zum Ziel: ca. 7 Minuten**

Seit wann ich diesen Platz eingenommen habe, das weiß nicht einmal mehr ich – seit wann ich einfach nur rumstehe. Und das Tag für Tag. An der Ecke Chemnitz- und Holstenstraße. Angekettet an der ersten Laterne rechts, wenn man über die Hausnummer 1 in die Straße kommt. Ich könnte irgendwie zu den Kids gehören, dort gegenüber auf dem Gelände der Grundschule Chemnitzstraße, gut im Abhängen und so, und alles ohne Worte. Aber das bewegt mich dann schon, dass sich in

meinem Leben nichts bewegt, ich mich nicht mehr bewege. Selten noch gelingt es mir, zu einer Randnotiz aus einem fremden Mund zu werden, die auch noch laut ausgesprochen wird. Selten schlägt der Blitz einer Kamera in mir ein. Diese Blitzeinschläge hat es einmal gegeben, aber die Öffentlichkeit hat uns längst vergessen.

Übrigens, ich bin nicht alleine, wenn es um das Abhängen geht. Das klingt wie eine Gang. Straßengang. Das sind wir aber nicht. Eher eine Skulpturengang. Ich habe einmal die Behauptung aufgestellt, dass wir mindestens zwanzig in der Chemnitzstraße sein müssten. Aber das weiß ich nicht so genau. Ich habe die Straße nicht ganz im Blick. Keine Ahnung, ob hinter der nächste Ecke noch jemand von uns steht. Ich weiß nicht einmal, was ich bin, was ich darstellen soll. Andere haben sich schon mehrfach dazu geäußert. Barlach, Kirchner, Tin-

quely, Disney. Und solche Sachen. Das alles hat nichts mit mir und den anderen Skulpturen zu tun.

Heute habe ich ‚Elvis' wieder gesehen, nachdem der rote Kleinlaster seinen Parkplatz verlassen hatte. Elvis steht auf der anderen Straßenseite, zusammen mit zwei anderen aus unserer Gruppe. Aber in seinem Stehen passieren immerhin noch Dinge. Denn an diesem Morgen hat Elvis frische Farbe ins Gesicht bekommen. Elvis hat wirklich Glück. Er ist eine der letzten Skulpturen, um die man, nämlich ein Mann, sich kümmert. POM wird dieser Mann gerufen. Im wirklichen Leben nennen ihnen alle Peter Märker, Bildhauer und Künstler, und er hat ‚Elvis' geschaffen. Während Elvis also wirklich lebt, zerfallen ich und die anderen Skulpturen. Gerne hätte ich Peter Märker nach meiner Vergangenheit befragt. Er muss damals dabeigewesen sein. Aber können Skulpturen Fragen stellen?

Unerwartet und auch ungefragt überschlägt sich fünfzig Meter weiter ein Wagen. Wann hat es das zuletzt gegeben, dass ein Wagen auf dem Dach in der Chemnitzstraße liegen bleibt? Das ist nur einmal angedacht worden, einen Wagen – wie nach einem Unfall – mitten auf dem Kopfsteinpflaster zu installieren, um in dieser Straße den Verkehr zu beruhigen. Der Verkehr hätte dann vorsichtig und langsam um den inszenierten Unfall fahren müssen, und das in alle Ewigkeit. Das alles hatten sich Künstler und Köpfe ausgedacht, die hier arbeiteten und wohnten. Leider ist diese Idee nur eine Idee geblieben. Nur wir Skulpturen sind von der Behörde genehmigt worden. Wir gehörten zum Konzept der Künstler und Köpfe, daran kann ich mich in diesem Moment sehr genau erinnern. Wir Skulpturen sind heute noch eine verkehrsberuhigende und eine erfolgreiche Maßnahme. An Stelle von unattraktiven Pollern verhindert die Skulptur, also Kunst, das unrechtmäßige Durchfahren oder Parken von Kraftfahrzeugen in der Chemnitzstraße.

Rumstehen. Einfach nur rumstehen. Das ist die Aufgabe von Elvis, mir und den anderen.

# Lockengelöt

**Ihr Gelötefachmarkt**
**Wohlwillstraße 20**
**20359 Hamburg-St. Pauli**

**Anrufen: 0 40-89 00 13 26**

**Ansprechpartner: Dennis Schneling,**
**Carsten Jägering,**

**Einlass: 10 bis 19 Uhr, samstags bis ungefähr 18 Uhr,**
**sonntags zu**

**Elektropost: carsten@lockengeloet.org**
**www.lockengeloet.org**

**Anfahrt: S-Bahn, Station Reeperbahn**

Eine Toploader-Waschmaschine, eine Single (Schallplatte mit zwei Songs), ein Ölfass und ein Staubsauger waren so alt, dass sie niemand mehr haben, bedienen oder abspielen wollte. Da machten sie sich gemeinsam auf den Weg Richtung Hamburg-St. Pauli. Denn mitten auf dem Kiez hofften sie ‚geistreich umfunktioniert' werden zu können, um eine neue Bestimmung zu finden. Schließlich bestanden die Alltagsgegenstände alle noch aus feinsten recycelbaren Stoffen. Am Abend entdeckten sie im Tor zur Welt einen hell erleuchteten Werkstattladen in der Wohlwillstraße. ‚Lockengelöt' stand über der Tür geschrieben: Und da saßen zwei Handwerker an einer Werkbank mit edelsten Materialien und schwatzten. Und brachten ganz nebenbei drei Kleiderhaken an der unteren Kante von einem alten handver- und ausgelesenen Buch an. Aus dem Buch war in diesem Augenblick ein Schlüsselbrett geworden.

„Das ist ein Schlüsselroman", hörten sie eine Stimme durch einen Haarriss in der Scheibe sagen.

Sogleich überlegten die vier Alltagsgegenstände, wie sie die Handwerker vertreiben konnten, um sich zwischen den anderen Materialien in der Werkstatt verstecken zu können. Und sie hatten eine gute Idee.

Die Toploader-Waschmaschine lehnte sich gegen die Wand unter dem Fensterbrett, das Ölfass kletterte auf die Ablage der Waschmaschine. Der Staubsauger stellte sich auf das Ölfass. Die Single hängte sich ganz oben an den Griff des Staubsaugers.

Dann hoben sie zu ihrem ganz alltäglichen und entsetzlichen Lärm an, den sie bis dato immer gemacht hatten.

Die Toploader-Waschmaschine trommelte BSSSBSSSS. Sie klang dabei wie eine Waschmaschine, die schleudern wollte, aber die längst nicht mehr konnte.

Das Ölfass schepperte BOING! BOING!

Der Staubsauger hustete AHAH! AHAH!

Und die Single knisterte KRRR! KRRR!

Dann verloren sie das Gleichgewicht, stürzten durch das Fenster in den Werkstattladen, dass die Scheiben klirrten. Die Handwerker schrieen und flohen vor Entsetzen über die Talstraße in die Reeperbahn hinein. Unter einem der vielen Rotlichter tranken sie erst einmal zur Erholung einen köstlichen Gerstensaft.

Und die vier Alltagsgegenstände lagen nun verstreut auf dem Boden der Werkstatt und hofften von nun an, dass sie von den virtuosen Meisterhänden der Handwerker aufgelesen werden würden, um von diesen eine neue Aufgabe zu erfahren.

Später schlich einer der neugierigen Handwerker in den Werkstattladen zurück. Und er brauchte nur einen Blick und lief voller Freude zu dem anderen Handwerker zurück. Ihm erzählte er von den ungeheuren Dingen, die ihnen geschenkt worden waren.

„Ihr hättet vor der Tür warten können. Wir hätten Euch auch so gefunden", sagte der zweite Handwerker mürrisch zu der Toploader-Waschmaschine, während er sich fachäugisch über sie beugte. Und selbstverständlich hatte er schon längst eine Idee.

Noch in der gleichen Nacht sollten mit den vier Alltagsgegenständen wundersame Dinge geschehen. Aus der Toploader-Waschmaschine wurde eine stylische Kommode, die auf drei Kleiderhaken stand. Das Ölfass sah sich im Spiegel an und sah dort einen kultigen Schrank sich spiegeln. Angeleuchtet von einem Elektroflux, einer Stehleuchte, die irgendwie an einen Staubsauger erinnerte. Und zusammengelötet zu einer ‚Schale für Alles' teilte sich die Single fortan mit einer LP die Zukunft.

Die vier Alltagsgegenstände fühlten sich nun so wohl, dass sie niemals mehr verkauft werden wollten und für immer im Lockengelöt blieben.

Und wer dieses Märchen nicht glauben will, der muss sehen gehen.

# Tanzende Texte
## (Poetry Slam im „Molotow")

**4**

**Poetry Slam im Molotow/Meanie Bar**
**Spielbudenplatz 5**
**20359 Hamburg**
**Telefon: 040/310845**
**www.molotowclub.de**

**Kontakt: Tina Übel**
**c/o Edition 406 Hütten 76, 20355 Hamburg**
**Fax: 040/3172714**
**Veranstaltung: Jeden letzten Dienstag im Monat, 21 Uhr**
**Eintritt: 3,50 Euro**

**Anfahrt: mit der Bahnlinie U 3 oder S 2 bis Station Stern-**
**schanze bzw. U 3, Station Feldstraße**

Vermutlich kennen Sie alle diese eine Art von Lesungen: Auf dem Podest stellt sich ein unbekannter, scheuer Autor der Öffentlichkeit. Seine Blicke suchen das Wasserglas, sie klammern sich daran fest. Auf den Klappstühlen erstarrt das nicht zahlreich erschienene Publikum in nachdenklichen Posen. Es sind dreizehn Zuhörer an diesem Abend. Davon gehören sieben Personen zu der Familie des Autors. Zwei sind zufällig bei der Lesung zugegen. Husten und Handys sind verboten. Und der Autor beginnt im Literaturhaus zu lesen. Schnitt! Ich wechsle die Szene und stehe mir mit knapp zweihundert Leuten die Füße in den Bauch. Gleich wird gelesen – „Hamburg is Slamburg" steht auf einem Schild. Und das Publikum erinnert mich an die Fans der Nordkurve des Hamburger Sportvereins: Trillerpfeifen, Tomaten, und einige der Anwesenden halten verstohlen Texte in ihren Händen. Minuten später sehne ich mich nach einem Cocktail und besseren Luftverhältnissen in einem Straßencafé. Stattdessen hocke ich mit den zweihundert Saunafreunden im Molotow – bei 45 Grad unter einer geschlossenen Wolkendecke aus Zigarettenrauch. Warum tun wir uns das an?

Weil wir uns für Literatur interessieren? Richtig! Wir werden uns merkwürdige Geschichten von merkwürdigen Autoren anhören, denn wir sind auf einen Poetry Slam, auf einen Wettstreit für Autoren geraten. Die Regeln sind schlicht und ergreifend: Die Autoren haben fünf Minuten Zeit, um einen Text vorzutragen – sozusagen eine Fünf-Minuten-Lektüre, und das vor einem gnadenlosen Publikum, denn es bildet die Jury. Schon kommt das erste öffentliche Schnellgedicht von der Bühne, schon tagt das öffentliche Schnellgericht, während das Publikum bereits nach dem ersten Vortrag aus dem Häuschen ist. Es schreit, es grölt, es klatscht, es jubelt. Und dann vergibt die Jury Noten von Null bis Zehn. Jeder darf sich an diesem Abend dem Publikum stellen, das meist aus Zuhörern besteht, die nicht wirklich von Literatur besessen sind, sondern einfach nur ihren Spaß haben wollen. Es sind nicht nur Autoren, die die Bühne betreten. Hausfrauen, Studenten und sogar ein „Penner" von der Straße bringen im Molotow ihre Prosa unter das Volk. Es ist mehr als Literatur. Es ist eine Performance. Es sind Texte zum Tanzen. Texte zum Mitklatschen. Das macht einen ungeheuren Spaß. Und eigentlich ist es auch egal, wer am Schluss die Flasche Sekt gewinnen wird.

# Ich trage Abwasserkleidung

(Das Sielmuseum)

**5**

**Abwasser- und Sielmuseum**
**Bei den St. Pauli Landungsbrücken 49**
**20359 Hamburg**

**Das Sielmuseum kann nur in Verbindung**
**mit einer Sielführung besucht werden.**

**Kontakt: Hamburger Stadtentwässerung**
**Informationszentrum für Umwelt und Entsorgung**
**Norbert Wierecky: Telefon: 0 40/34 98-53 40**
**Fax: 0 40/4 28 86-42 10. E-Mail: Norbert.Wierecky@hhse.de**

**Öffnungszeiten: nur mit Voranmeldung – kostenlos**

**Anfahrt: S 1, S 3 oder U 3 bis Landungsbrücken**

Die Dame steht mitten im Schaufenster. Sie ist ein wenig schä-
big gekleidet, aber sie bettelt mich nicht um einen Euro an.
Stattdessen erklärt sie mir das einmalige Design ihrer Kleidung:
„Ich trage nur Abwasserkleidung!" Übrigens ist sie, eine
Schaufensterpuppe, untergegangen und aufgetaucht in der
Hamburger Kanalisation. Wie ist die Schaufensterpuppe durch
die Spülung gekommen? Ronald Rees vom Pumpwerk an den
St. Pauli Landungsbrücken hat da noch einige andere Geschichten auf der Zunge: „Halbe Schweine spießten unsere
automatischen Greifer schon auf!" Ronald Rees ist ein Profi in
Sachen Kläranlagen, und das schon seit über vierzig Jahren. Er
ist mit allen Wassern gewaschen. Übrigens ist das Pumpwerk
die erste Reinigungsstufe des Klärwerkes Köhlbrandhöft-Dra-
denau auf der Südseite der Elbe. Und eigentlich soll nur Ab-
und Regenwasser durch die Kanalisation fließen. Von wegen
nur Wasser. Die Relikte im Sielmuseum wurden in 40 Jahren
aus dem unterirdischen Reich von Hamburg geschöpft. Wir
wollen hier nicht von Schöpfung sprechen. Aber von den Wundern und Geschichten, die die skurrilen Fundsachen erzählen

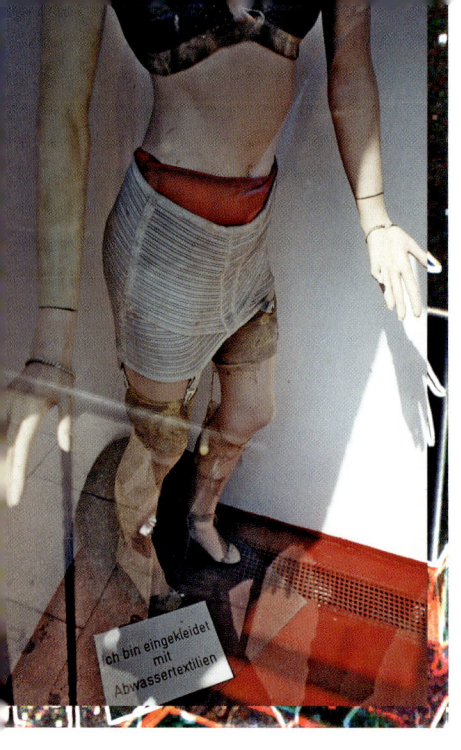

und darstellen. Aus der etwas seltsam anmutenden Sammelleidenschaft eines Mitarbeiters entstand nach und nach das Sielmuseum. In einem kleinen Gewölbe gegenüber dem Pumpwerk werden die anrüchigen Dinge ausgestellt. Was sich in den zwei Räumen häuft, hat eine bewegte Vergangenheit: Die plattgetretenen Fußbälle vermisst mit Sicherheit niemand mehr. Aber was ist mit diesen Gebissreihen, die wir nur aus Wassergläsern kennen? Sie sollen alle angeblich Opfer von durchzechten Nächten sein. Und sind jetzt halt in Glasvitrinen in den Ruhestand gegangen, auch zu ihrer eigenen Sicherheit. Überall lauern lange Finger und greifen sich Kinderspielzeuge. Besonders begehrt sind Matchboxautos. Und auch sonst scheint die Kanalisation zu leben. Von wegen Ratten: Regenschirme, Mäntel, Perücken oder Reizwäsche schwimmen unter Hamburg auf und ab in der Kanalisation. Und dann diese Schlüpfer, als hätte die Reeperbahn sie angespült. Aber die Ausstellung scheint nicht enden zu wollen. Büstenhalter, Bademäntel, sogar Schubkarren und Geburtsurkunden sind zu sehen. Zwischen Fahrrädern, Teddybären und Turnschuhen findet man auch Lukullisches wie eine Dose mit Kaffeebohnen oder Havanna-Zigarren. Mit der Desinfektion der Fundsachen geben sich die Sammler keine besondere Mühe. Die Stücke werden nur abgewaschen und getrocknet. Das ist die ganze museale Präparation. Aber riechen tut es im Sielmuseum trotzdem nicht.

# St. Pauli ist eine Tankstelle
(Die Esso-Tankstelle)

**6**

**Taubenstraße, Spielbudenplatz
20359 Hamburg**

**Anfahrt: Mit der Bahnlinie S 1/S 3 bis Station Reeperbahn
oder mit der U 3 bis Station St. Pauli,
mit der Buslinie 37 oder 36 bis Davidstraße**

**24 Stunden geöffnet**

Ich habe zu ihr gesagt, dass wir eigentlich nur noch wie Bruder
und Schwester in unserer Beziehung sind, aber nicht mehr
wirklich ein real existierendes Liebespaar. Das habe ich ihr in
dieser einen Nacht um drei Uhr gesagt. Und das war dann
auch das Ende einer längeren Beziehung. Da ist die Tür, hat sie
gesagt. Und wie es so ist, eine Stunde im Auto im nächtlichen
Hamburg unterwegs, fiel mir ein, dass ich wohl einen Fehler
gemacht habe. Das sagten mir Kopf und Herz. Was tun!? Alles, was es brauchte, war eine sofortige Geste, Symbole der
Wiedergutmachung. Pralinen. Blumen. Champagner. Aber alle
Marktplätze in Hamburg hatten natürlich längst geschlossen,
bis auf den einen auf dem Kiez, der 24 Stunden am Tag und
365 Tage im Jahr geöffnet hat. Die Esso-Tankstelle auf der roten Meile. Das Epizentrum der Nacht. Treffpunkt von echten
St. Paulianern und den Nachttouristen. Denn wie jedes anstän-
dige deutsche Dorf hat eben auch St. Pauli einen, wenn auch
recht ungewöhnlichen Dorfplatz. In der Taubenstraße, Ecke
Spielbudenplatz. Eine Großtankstelle. Zur Tanke gehören eine
Tiefgarage mit 400 Plätzen, eine Waschstraße, ein Imbiss an
der Reeperbahn und ein Supermarkt. Auf insgesamt 6.000
Quadratmetern arbeiten bis zu 40 Angestellte. Und wie gesagt: Tag und Nacht. Hier spricht und lebt St. Pauli, das Dorf,
kommen Gerüchte und Geheimnisse auf und wahre Geschichten aus den Mundwerken von Willy Bartels, Inkasso-Henry,

Hunde-Uwe oder Asbach-Gustav. Auch Richter, Staats- und Rechtsanwälte treffen in der Tanke ihre ganz persönlichen Kunden. Aber keine Angst, Überfälle gibt's nicht, weil die Zuhälter es einfach nicht schätzen, wenn sie gerade beim „Super"-Tanken belästigt werden. Ich bin natürlich noch immer auf der Suche nach dem Symbol für meine Liebe, und vermutlich werden es Blumen sein, die vor der Tanke in großen Kübeln stehen. Ein alter Polo bleibt direkt vor meinen Füßen stehen. Eine junge Frau steigt aus. Sie läuft einige Meter weg, eilt aber wieder zurück und kreischt in den Wagen: „Ich glaube, es wird Zeit, dass wir uns trennen. Und das tue ich jetzt." Dann löst sie sich in Luft auf. Das bringt mich wieder zu meiner eigenen Geschichte: Ich kaufe Tulpen und stelle mich an der Kasse in eine endlose Schlange. Vor mir warten die Menschen der Nacht, die aus den Clubs und Bars kommen, weil sie dort die Preise für die Getränke nicht bezahlen können. Und hier tanken sie auf, im wahrsten Sinne des Wortes, bis sie wieder in einer der vielen Lokalitäten verschwinden werden. Mittlerweile arbeitet die Nachtschicht im Akkord: „Das geht jetzt so bis 6.30 Uhr. Dann kommen die Nachzügler und unsere dritte Schicht", erzählt der Kassierer einem Kunden. Er passt von 22 bis 6 Uhr auf. Und er sieht auch alles und jeden. Vor mir hat ein Mann eine Dose Bier in der Jackentasche. „Hast du die bezahlt?" Der Kassenzettel wird kontrolliert. „Alles klar", sagt der Kassierer. „Das ist doch meine Stammtanke", murmelt der Kunde, „da mach' ich kein' Scheiß, echt nicht." Ich gebe mir die Tulpen, und draußen vor der Tür sitzen zwei Punks auf ihren Schlafsäcken. Sie sind jeden Abend da. „Weil das besser ist als Fernsehen", erklärt sich der eine Punk. „In der Nacht kannste hier Autos und Menschen von jeder Schicht sehen." Übrigens: Um fünf Uhr morgens stelle ich mein Symbol, die Tulpen, auf meinen Tisch und lasse sie einfach verwelken. Geschichten müssen halt ein Ende haben.

# One-Night-Stand mit dem Wort!
### (Die kürzeste Literaturveranstaltung der Welt im 439)

**Der Literaturquickie**
**Bar 439**
**Vereinsstraße 38**
**20357 Hamburg**
**Tel: 0 40/4 39 15 50**
**www.literatur-quickie.de**
**info@literatur-quickie.de**

**Anfahrt: Mit der Bahn U 3, Station Schlump,**
**Fußweg zum Ziel: ca. 12 Minuten**

**Ansprechpartnerin: Carla Riveros**

In der Regel lassen sich Bücher nicht an die Wand hängen, Bücher lassen sich nicht an- oder ausschalten. Und sie in einen DVD-Player zu schieben, das funktioniert überhaupt nicht. Bücher tragen auch nicht zur allgemeinen Kommunikation bei.

„Hey, ich hab' ein neues Buch gekauft, das ziehen wir uns heute abend gemeinsam rein!" Das lassen Bücher mich nicht sagen. Irgendwie zerstören sie alle meine Gespräche und damit auch meine Freundschaften.

Und Bücher können auch nichts. Bücher helfen einem nicht, nicht einmal weiter. Im schlimmsten Fall helfe ich ihnen, hebe diese träge Masse vom Boden auf, wenn sie wieder einmal dumm aus einem Regal gestürzt sind, halte sie dann ganz fest mit meinen Händen und blättere ihnen zum Schluss noch die Seiten um. Und lesen lassen sie sich auch noch, sprich, ich muss sie lesen. Wenn Bücher einem so kommen, sollte sich die Literatur nicht wundern, dass sie immer mehr Leser verliert. Bücher entsorgen sich sozusagen selbst.

Ich habe Schluss gemacht mit meinem Lesen. Ich gehe auch nicht mehr auf Lesungen. Ich will mich nicht mehr langweilen. Ich will mich auch nicht konzentrieren müssen. Und meine Zeit lasse ich mir von der Literatur nicht mehr nehmen.

Aber auch und immer wieder zieht mich das Wort an, ist mir nach einem guten Stück Literatur. Und irgendwo in Hamburg gibt es eine Bar, die sich durch nichts auszeichnet, außer eine Bar zu sein, und die serviert ihren Gästen Literatur am Tresen, Worte auf einem Barhocker, ein Gedeck aus einem kurzen Buch und einem großen Bier. Und Sätze, die kurz einmal zum Ohr reinkommen, um dann gleich wieder zu gehen. So stelle ich mir die Begegnung mit großen Gedanken vor. Kurz und gut. Und dann gut. Ein One-Night-Stand mit dem Wort.

Diese Art der Begegnung findet in der Bar 439 statt, auf der kürzesten Literaturveranstaltung der Welt mit dem seltsamen Titel: Literatur-Quickie. Der Literatur-Quickie ist zugleich die einzige wöchentlich wiederkehrende Lesung in Hamburg. Mit dieser neuen Form erreicht die Literatur ein vollkommen anderes Publikum. Menschen wie mich. Menschen, die niemals ein Literaturhaus betreten würden. Menschen, die an Lesungen nichts mehr fürchten als das eigene Gähnen in der Stille. Und Menschen wie mich, mit Schwierigkeiten, lange bei einer Sache mit dem Kopf dabeisein zu müssen. Zum Glück dauert der Literatur-Quickie maximal 17 Minuten. Literatur zum Aushalten sozusagen. Denn ich kann dabei meine üblichen Getränke in meiner üblichen Position trinken. Und das tue ich dann auch an einem Abend in der Woche, exakt um 22 Uhr 30, immer dann, wenn der Literatur-Quickie am Mittwoch in der Bar 439 beginnt. Ich höre an diesem Abend einem Autor zu, der tatsächlich direkt neben mir auf dem Barhocker sitzt, liest und trinkt. Er nimmt mich ein Stück in seine Geschichte mit, und dann ist auch schon die Wirtin Carla Riveros mit einem großen Hut im Publikum unterwegs. Man spendet den Vortragenden nach Gefallen.

„Schade", denke ich noch, „eine Minute länger hätte es noch dauern können."

# Shoppen, dann schießen
(Ein Schießclub mitten in der Hamburger City)

**Hanseatic Gun Club GmbH**
**Raboisen 30**
**20095 Hamburg**
**Tel. 040/28 05 96 94**
**www.hanseatic-gun-club.de**
**info@hanseatic-gun-club.de**

**Öffnungszeiten:**
**Montag bis Freitag von 11.00 bis 22.00 Uhr**
**und nach Vereinbarung**
**Ansprechpartner: Alfred Reinecke**
**Diskrete Einzeltermine nach vorheriger Absprache**

Auf der Suche nach einem guten Titel in meinem Kopf beobachte ich die Fassade eines hundert Jahre alten Kontorhauses
an den Raboisen, nur wenige Schritte von der Spitaler Straße
entfernt: Raboisen. Straße ohne Reibeisen, eine etymologische
Bedeutung. Raboisen. Straße der Schießeisen: Das würde ihre
etymologische Bedeutung in der Zukunft sein. Denn hinter der
klassizistischen Fassade verbirgt sich mit Sicherheit einer der
ungewöhnlichsten Klubs der Stadt, der Hanseatic Gun Club,
mit der Lizenz zum Schießen für jedermann und jedefrau.
Shoppen, dann schießen. Alles ohne Waffenschein. Alles ganz
legal. Alles auf drei Ständen mit zehn Bahnen und Distanzen
von sieben bis fünfundzwanzig Metern. Alles unter der Erde im
Keller des Hanseatic Gun Clubs. Und Mitglied braucht man
auch nicht zu werden, um einmal die Hand an die Waffe zu
legen.
Ich steige aus meinen Pferdestärken. Meine Beine formen beim
Gehen sofort ein übertrieben männliches O. Ich werde mich
erst einmal an den Tresen des Hanseatic Gun Clubs stellen und
mich ganz unauffällig verhalten.
Noch während meiner ganzen Unauffälligkeit wechseln fünf-
hundert Schuss Munition den Besitzer und verschwinden drau-

ßen im Kofferraum eines Wagens. Und nur einen Augenblick später setzt sich ein hanseatischer Schlips-und-Kragen-Schütze neben mich an den Tresen. Das einzige, was seinen hanseatischen Auftritt stört, ist diese breitkrempige Übertreibung von einem Hut auf seinem Kopf. Mehr stört mich an ihm nicht!

„Ich lasse jetzt überall Bewegungsmelder einbauen", vertraut er dem Mann hinter dem Tresen eine Sicherheitsmaßnahme an. Sie müssen sich gut kennen. Der Mann und der Hanseat.

„Wegschleppen können Sie meinen Safe nicht, der ist viel zu schwer. Mit der ganzen Muni und den Waffen, ist nicht, aber aufbrechen – ist schon!"

„Schon mal geschossen?", fragt mich vollkommen unvermittelt der Mann hinter dem Tresen. Es ist Alfred Reinecke, Anwalt, Waffenhändler, Schießtrainer. Er ist auch der Inhaber vom Hanseatic Gun Club.

„Nein!" Das zum Thema meiner Unauffälligkeit. Und ich erschieße den Cowboy in mir auf der Stelle, der sofort vom Barhocker fällt.

„Ich wollte mich lediglich informieren, fragen, wer hier so am Schießen ist!?"

„Männer!" Die Antwort hatte ich erwartet. „Viele von ihnen sind in den sechziger und siebziger Jahren mit Western aufgewachsen. Sie haben alle einen Kleinen weg, sind sonst aber ganz in Ordnung." Das mit den Sechzigern, Siebzigern und den Western, das kenne ich gut, nur das Lied vom Tod, das wollte ich schon damals nicht spielen. Aber das sage ich nicht.

„Willst Du die Anlage sehen?"

Ich will die Anlage sehen und stehe wenig später am Stand der längsten Bahn im Keller, völlig unspektakulär, ein Schieß- und Sportplatz eben. Eine Erinnerung an irgendeinen Polizeifilm wird in mir wach und schläft sofort wieder ein. Ich bin weit ab von allem moralischen und ‚korrekten' Denken und folge Alfred Reinecke in die Waffenkammer im zweiten Kellergeschoss.

„Sieht aus wie ein Parkplatz für Pistolen." Ich sehe in einen mit Waffen überfüllten Safe.

„Richtig, die können sie schließlich nicht mit ins Büro nehmen."

„Und auch nicht in die Kirche. Stimmt die Geschichte vom Pastoren, der Mitglied im Club ist und am liebsten mit der Repetier-Schrotflinte schießt und danach zum Alten-Nachmittag in seine Kirche geht – ohne Waffe?"

Alfred Reinecke lacht, so entstehen Legenden. Und mehr Informationen gibt es heute nicht.

# Gebete für Claudia Schiffer

## (Der Römische Garten in Blankenese)

**9**

**Der Römische Garten ist über den Elbwanderweg zu erreichen (Eingang über Falkentaler Weg)**

**Anfahrt mit den Bahnlinien S 1 und S 11 oder mit dem Schnellbus Linie 36, alle bis Blankenese**

**Vom Blankeneser Bahnhof: Linie 48, Station Waseberg**

Für Claudia Schiffer ist es im Römischen Garten in Blankenese einmal ganz dick gekommen. Die Hamburger Autoren und Satiriker Nicolas Nowak und Gunter Gerlach haben sie am Kirchentag aufs Korn genommen. Sie predigten, sie beteten und sie tanzten für Claudia Schiffer im Heckentheater des Römischen Gartens. Die Veranstaltung „Gebete für Claudia Schif-

fer" ist nicht so interessant gewesen, aber der Römische Garten hat meine Aufmerksamkeit in Anspruch genommen. Vor
allen Dingen das Heckentheater, das in den Römischen Garten
eingebettet ist. Angeblich wurde der Römische Garten von den
italienischen Villengärten der Toskana inspiriert, aber mich erinnert das Heckentheater an Frankreich, an die alten römischen
Arenen von Orange und Arles. Auf jeden Fall hat man von der
östlichen Terrasse einen wunderschönen Blick auf die Elbe und
die Insel Neßsand. Die westliche Terrasse wird von Teilen einer
alten Mauer begrenzt und vom Rosengarten selbst; eine ele-
gante Freitreppe mit einem Zwischenpodest führt zum Heckentheater (1924), in dem ich den Gebeten für Claudia Schiffer zuhörte. Mit Sicherheit ist der Römische Garten in Hamburg
längst nicht mehr geheim, aber das unbekannteste Grün in
dieser Stadt. Und wir haben es einem Mann, Julius Richter, zu
verdanken, denn unter seiner Regie entstand zwischen 1880–
1890 der erste Teil dieser Grünanlage, die aber erst durch den
hanseatischen Bankier Moritz N. Warburg zum Römischen

Garten werden sollte, durch seinen Ankauf des Kösterberg-Landsitzes. 1951 wurde der Römische Garten der Stadt Hamburg zum Geschenk gemacht. Und wenn Sie den Römischen Garten besuchen wollen, müssen Sie schon ein wenig Zeit mitbringen, um ihn in seiner Abgeschiedenheit und dann in seiner ganzen Schönheit zu entdecken.

# Die Boliden vom Braamkamp
(Europas größte Carrera-Bahn in Winterhude)

**Braamkamp 32**
**22297 Hamburg**
**Tel: 0 40/5 11 95 46**
**Fax: 0 40/5 11 10 87**
**www.renncenter-hamburg.de**

**Anfahrt: Linie 118, Station Ohlsdorfer Str., Linie 119, Station Braamkamp, oder: U 1, Station Lattenkamp**

**Ansprechpartner: Michael Franz für Veranstaltungen, Kindergeburtstage, Junggesellen/in-Abschiede und Firmenfeiern. Übrigens: Gäste und Interessenten sind an den Clubabenden immer willkommen und haben darüber hinaus die Möglichkeit, an den monatlichen Publikumsrennen teilzunehmen**
**Termine: immer der letzte Sonntag im Monat**
**von 11.30 bis ca. 16.00 Uhr**

Es ist wieder einmal ein Tag in Hamburg, der ganz und gar nicht Hamburg ist. An allen Ecken und Enden sieht die Stadt wie eine Postkarte aus, die niemand kaufen und verschicken will. Immer mehr Dächer setzen graue Schleier auf und alle Straßen machen auf Elbe, sind einfach kalt und nass. Besucher werden heute nicht Barkasse fahren, und Bismarckheringe bleiben in den Buden ungegessen. Hamburg ist heute einfach nicht Hafen, nicht heiter und freundlich. Hamburg ist verstimmt. Und genau mit dieser Verstimmung zieht es mich an einem Sonntag durch die Straßen zum Braamkamp. In der Regel zieht es niemanden an einem Sonntag in den Braamkamp, so schön und so wirklich Hamburg ist diese Straße nicht.
Und eigentlich wollte ich John mitnehmen. Ihm hätte die Sache im Braamkamp mit Sicherheit gefallen, diese Männersache. Aber John sitzt im Moment mit seinem kleinen Sohn die sonntägliche Erziehungszeit ab und hat die gesamte Wohnung mit Legosteinen verbaut.

„Guck mal, mein Sohn, die tolle Hebebrücke. Wie geil ist das denn, Sohn!?"

Sohn wird vermutlich nichts sagen. Ich kenne Sohn. Er hasst es, mit seinem Vater am Sonntag Legosteine in der Wohnung verbauen zu müssen.

Dabei hätte ich John gerne gezeigt, wo in Hamburg seine, vielleicht auch meine verlorene Kindheit steht und auch ‚erfahren' wird. „Egal", denke ich, und „selbst ist der Junge!" Und komme endlich im Braamkamp 32 unter. Hier soll sie stehen, die Kindheit von John. Angeblich eine der größten in Europa. Kenner und Fahrer sprechen von neununddreißig Metern. Und heute ist Publikumsrennen. Ich bin das Publikum. Ich werde ein Pilot werden. Ich werde mitfahren. Und ich werde mir auch einen Sohn anschaffen, den ich dann immer am Sonntag mitnehmen kann, wenn die Formel-1-Boliden Runde um Runde über die Carrera-Bahn im Braamkamp 32 jagen. Das tun Männer, sich Söhne anschaffen, um ihre Hobbys zu legalisieren.

Und um Mitglied im ‚Slot Car Racing Club Hamburg' zu werden, in dessen Räumen ich mich in diesem Moment bewege.

„Wir brauchen noch zwei Streckenposten für das freie Training", ruft ein Mann in ein Mikrofon. Ich folge zwei Männern, die offensichtlich den Job als Streckenposten haben wollen, und stehe endlich an der Bande der Carrera-Bahn, der 5-spurigen, nur noch 38 m langen Holzrennbahn, dem „Grayhound Raceway". Da stehen auch die Piloten mit den Handreglern, zusammen mit dem Publikum verfolgen sie die Runden der bis zu 60 km/h schnellen Rennwagen.

„Zum ersten Mal?", fragt mich der Mann mit dem Mikrofon. Es ist Michael Franz, Inhaber, Veranstalter und auch Würstchenverkäufer während der Rennen.

„Ja, mein Bruder hat mir von der Carrera-Bahn ..."

„Slot-Car-Bahn", kommt die Korrektur sofort. „Die Carrera-Bahn ist unten im Keller, auf ihr starten die kleinen Klassen, Autos im Maßstab von 1/32, Nincos und Fly's."

„Und hier oben?"

„Hier oben fast alle Fahrzeugklassen. Carrera Exklusiv, Scaleracing-Autos und Flex, Hochgeschwindigkeitsfahrzeuge ..."

Ich verstehe das ganze Carrera – noch nicht. Und ich stelle auch keine Fragen mehr. Ich zahle drei Euro für einen Handregler und einen Wagen. Ich bin ein Kind, ich bin ein Mann, ich bin ... So vergehen meine ersten Rennen auf dem Grayhound Raceway im Braamkamp.

Später dann, als ich wieder in meinem Mietshaus bin, da gehe ich hoch zu John. Ich setze mich neben eine Weiche, da, wo der gelbe ICE von Lego nach Osten abfährt.

„Kommst Du nächste Woche mit zur Carrera-Bahn?"

John schluckt. John nickt.

Sohn guckt „Der kleine König." Im TV.

# Geschichte bunkern
### (Das Bunkermuseum in Hamm)

**11**

**Das Bunkermuseum in Hamm**
**Wichernsweg 16 (auf dem Grundstück der Wichernskirche)**
**20537 Hamburg**

**Öffnungszeiten:**
**Donnerstag 10–12 Uhr und 15–18 Uhr, letzter Einlass: 17.15 Uhr**
**auch in den Sommerferien nach Vereinbarung,**
**auch Gruppenführungen; Eintritt: 3,– Euro**

**Info: Stadtteilarchiv Hamm, Telefon: 040/18 15 14 93**
**www.hh-hamm.de**
**stadtteilarchiv@hh-hamm.de**

**Öffentliche Verkehrsmittel:**
**Buslinie 116 oder Bahn U 3, Station: Rauhes Haus**

Ich muss nur einen kleinen Betrag bezahlen, um in die Unterwelt der Toten abzusteigen. Dieser spezielle Hades liegt mitten im Stadtteil Hamm und ist das einzige Bunkermuseum (Eröffnung: 1997) in Hamburg. Ich steige über die Treppe in die Tiefe; vertiefe mich in eine von vier Röhren (Breite 2 Meter, Länge 17 Meter, lichte Höhe 2,25 Meter), die 50 Menschen aufnehmen konnten. An ihrem Ende befanden sich Trockentoiletten und jeweils ein Notausstieg. Die Röhren wurden durch Strom beheizt und beleuchtet. Handbetriebene Lüftungsmaschinen gaben den Menschen die Luft zum Atmen, aber nicht immer Schutz zum Überleben. In mehreren Jahren haben die Betreiber (Stadtteilarchiv Hamm e.V.) diesen geschichtlichen Bau aus dem Zweiten Weltkrieg restauriert, um hier eine große Ausstellung zu präsentieren. Es ist das einzige Bunkermuseum im norddeutschen Raum. Und im Gegensatz zum Röhrenbunker in der Tarpenbekstraße hat sich das Bunkermuseum eine andere Aufgabe gestellt: Dargestellt werden persönliche Erlebnisse von Zeitzeugen während der Luftangriffe auf Hamburg-Hamm, wie z.B. erschütternde Erlebnisse von Menschen der Jahrgänge

1914–1933 in den Bunkern von Hamm, die davon zu berichten wissen, dass Licht und Strom gleich zu Beginn der Angriffe ausfielen, dass die handbetriebenen Luftpumpen versagten, dass vor den geschlossenen Schutztüren Menschen verbrannten und dass außerhalb des Bunkers eine Heimat im Feuersturm versank. Das sind dichte und ergreifende Geschichten aus der Welt der Menschen im Bombenkrieg. Zahlreiche Ausstellungsstücke und Dokumente vertiefen die Präsentation, darunter auch Gasmasken und Bombensplitter. Und das in

einem Interieur, das mit seinem nachgebauten Mobiliar die Geister von gestern zu rufen versucht, um die besondere Atmosphäre eines Luftschutzbaus aufleben zu lassen, damit die Besucher zu einem Teil der Geschichte werden können. Das Bunkermuseum in seinem restaurierten Zustand ist selbstverständlich auch als ein Teil der gesamten Ausstellung zu begreifen und zu erfahren, vor allen Dingen dann, wenn man an einer der Exkursionen in die Geschichte teilnimmt. Dann kommt auch die unheimliche Aura in der Röhre endlich zum Tragen und erzählt mir dieselbe Geschichte, aber auf einer anderen Ebene, die nicht vom Verstand kommt.

# Uwe Seeler bolzt auf Ruinen
## (Der Röhrenbunker in der Tarpenbekstraße)

**„Subbühne" im Röhrenbunker**
**Tarpenbekstraße 68**
**20251 Hamburg**

**Busstation Tarpenbekstraße,**
**Linie 39 oder 22**

**Informationen: Stadtteilarchiv Eppendorf e.V.**
**Martinistraße 40, 20251 Hamburg**
**Telefon: 0 40/4 80 47 87**

Es ist natürlich kein Geheimnis, dass der Sommer in Hamburg faktisch nicht existiert. Und eine „Invasion von Sonnenstrahlen" kommt einem Besuch von Außerirdischen gleich. An so einem sonnigen Tag verspüre ich nicht den leisesten Anflug, mich unter die Erde von Hamburg zu begeben. Aber das ist meine Aufgabe. Sehen, was los ist. Sehen, was noch nicht gesehen worden ist. Und eigentlich will ich sie nicht sehen, die Geschichte, eine Hamburger Geschichte, die mich heute erwarten wird. Kaum dass ich mich unter der Erde in dem Röhrenbunker in der Tarpenbekstraße bewege, stecke ich auch schon in seiner Geschichte fest. Die Geschichte holt mich ein, mit den Vorstellungen an eine Zeit, die ich nicht selbst erlebt habe; denn wenn im Zweiten Weltkrieg die Sirenen aufheulten, flohen die Anwohner in diese unterirdische Doppelröhre. Dort ängstigten sie sich auf langen Holzbänken, und in der Dunkelheit war kaum Atem zu holen, weil die Luft still und erstickend in den engen Räumen stand. Die Menschen mussten auf die Entwarnung warten; Entwarnungen vor den Brand- und Splitterbomben, Entwarnungen vor möglichen Gasangriffen. Auf die Entwarnung vom Bunkerwart, der den Kontakt mit der Außenwelt hielt. Stunden, Stunden und nochmals Stunden mussten die Menschen warten. Sie warteten mit dem

Rücken an der Wand. Sie waren lebendig eingegraben, denn genau genommen waren die in den 40er Jahren eilig eingerichteten Röhrenbunker Todesfallen, weil sie nicht tief genug unter der Erde lagen. Die unzulängliche Konstruktion (80 cm dicker Eisenbeton) hätte dem oberen Druck der Erde nicht standhalten können. Und mit einem Bombeneinschlag hätte

sich dieser Druck addiert, der die Röhrenbunker zum Einstürzen gebracht hätte. Über vierhundert dieser Todesfallen wurden im Zweiten Weltkrieg erbaut; die meisten von ihnen sind heute zerstört oder mit Wasser vollgelaufen. Der Röhrenbunker in der Tarpenbekstraße hat nach den schlechten Zeiten auch seine guten Zeiten erlebt, denn Anfang der 60er Jahre richteten sich Hamburger Jugendliche hier einen Party- und Jazzkeller ein; eine groteske Anekdote am Rande der Geschichte dieser unterirdischen Zuflucht. Anlässlich des fünfzigsten Jahrestages der Befreiung vom Nationalsozialismus im Mai 1995 haben dann die Künstler Gerd Stange und Michael Batz den Bunker zur „Subbühne" erklärt, zu einem anderen Mahnmal für Wolfgang Borchert, dessen Geburtshaus einige Meter entfernt an der Tarpenbekstraße steht. Die „Subbühne" soll „in einem realen Ort des Kriegsgeschehens eine andere Form der Öffentlichkeit und des künstlerischen Dialoges" schaffen. Und so ist der Röhrenbunker heute ein Ort der Kommunikation, ein Treffpunkt für Menschen aus verschiedenen Generationen, die gemeinsam Gedanken austauschen oder zu den Vorträgen, Lesungen und Inszenierungen gehen können, die nicht nur im Zusammenhang mit dem Zweiten Weltkrieg stehen müssen. Die Erinnerung an den Krieg und die Geschichte übernimmt der Bunker nicht nur durch seine unheimliche Präsenz. Auch die Installation der „Rhythmischen Babylonischen Wasserskulptur" durch die Künstler Stange/Batz, ein Frischwasserleitungs- und Pumpsystem, das durch die zwei Röhren geleitet wird, soll nunmehr den Fluss der diskutierten Geschichte, die neuen, strömenden Gedanken und den kommunikativen Austauschprozess im Röhrenbunker zwischen Natur und Geschichte symbolisieren. Übrigens hat der Röhrenbunker in der Tarpenbekstraße auch schon von Uwe Seeler Besuch erhalten, der mit einem lakonischen Ton bemerkte, dass er zu dieser Zeit immer in den Ruinen gebolzt habe. Auch außerhalb der kulturellen Veranstaltungen ist der Röhrenbunker auf Anfrage zu besichtigen. Sie brauchen sich nur an das Stadtteilarchiv Eppendorf e.V. zu wenden.

# Eine Aussage unter der Erde
(Die Verhörzelle in Eppendorf)

**13**

**Verhörzelle:**
**Geschwister-Scholl-Straße/Ecke Erikastraße**
**gegenüber vom „Café Borchers"**

**Busstation Lokstedter Weg, Linie 34**
**oder zu Fuß vom Eppendorfer Marktplatz**

**Informationen:**
**Stadtteilarchiv Eppendorf e.V.**
**Martinistraße 40, 20251 Hamburg**
**Telefon: 0 40 / 4 80 47 87**

Eine Last fällt von meinen Schultern, als ich das unterirdische Reich, den Röhrenbunker in der Tarpenbekstraße 68, endlich verlassen kann. Ich hätte mich wohl nicht als Spezialist für geheime Orte ausgeben dürfen, denn ein freundlicher und aufmerksamer Mann schickt mich gleich weiter zur Verhörzelle in

Eppendorf. Auch sie liegt unter der Erde, genauer gesagt zwischen einigen Sträuchern und der Rückenlehne einer Parkbank an der Geschwister-Scholl-Straße/Ecke Erikastraße in Hamburg-Eppendorf. Am 1. Oktober 1990 wurde die Verhörzelle von dem Künstler Gerd Stange in die Erde eingegraben, „für viele Anwohner eine neue und eindrucksvolle Art eines Denkmals für die Opfer des Faschismus" und die Geschwister Scholl. Die Größe der Verhörzelle, die mit einer Glasplatte abgedeckt ist, entspricht den Körpermaßen des Künstlers (Augenhöhe 180 cm, Mundhöhe 170 cm, Stuhlbreite 44,5 cm), und mich lässt das an ein offenes Grab denken, das die Toten aus dem Krieg in unseren Köpfen weiterleben lässt. Es ist das erste Mal für mich, dass ich beim Betrachten eines Denkmals nicht aufsehen, sondern mich tief bücken muss, um etwas zu erkennen. Somit bleibt mir an dieser Stelle ein unterirdischer Gang erspart, aber nicht dieser tiefe Blick nach unten. Die Verhörzelle von Gerd Stange drängt sich nicht auf, man begegnet ihr zufällig, und den größten Eindruck hinterlässt sie in der Nacht, denn dann packt einen in der unterirdischen Kammer das trübe Licht einer nackten Glühbirne, wird die Verhörzelle zu einem magnetischen Raum, der meine ganze Aufmerksamkeit in Anspruch nimmt, und in diesem diffusen Schein glaube ich mich auf dem Stuhl zu sehen, einen Stahlhelm auf dem Kopf. Und ich werde verhört. „Am Anfang war das Fundstück ‚Stahlhelm' noch diffus. Dann kam das Fundstück ‚Holz' dazu: Von Stahl zu Holz, alles noch diffus, dann sah ich den Stuhl vom Oberlandesgericht und den Sockel – auch noch diffus. Und dann entwickelte sich über das Erinnern und Assoziieren eine innere Notwendigkeit, ein Arrangement, wo ich selbst, auf dem Stuhl sitzend, die Rolle des angeklagten Opfers erfuhr und bewusst eingenommen habe." Das sagte Gerd Stange in einem Interview mit dem Kunsthistoriker Gunnar F. Gerlach. Aus diesem diffusen Ansatz, dem Suchen nach Geschichte, ist ein Bild geworden, das man nicht mehr vergisst. Wenn Sie dort vorbeikommen, sollten Sie auf jeden Fall einen Blick in die Verhörzelle von Eppendorf werfen.

# „Was auf die Augen bekommen!"
(Der Art Store St. Pauli)

**14**

**Art Store St. Pauli**
**Wohlwillstr. 10**
**20359 Hamburg**

**Telefon: 0 40/3 19 19 96**
**artstore@freenet.de**
**www.artstorestpauli.com**

**Öffnungszeiten:**
**Do, Fr, Sa von 20–23 Uhr**

**Anfahrt: mit der Bahn U 1 bis Feldstraße oder bis St. Pauli**
**oder mit der S 3 bis Station Reeperbahn**

Sie können sich ganz sicher sein. An meinen Wänden hängt leider kein Kirchner, Kandinsky, geschweige denn ein Miró oder ein Monet. Mitnichten. Das ist die Kunst, die ich mir nicht leisten kann, auch nicht in einer fernen Zukunft. Aber an meinen Wänden hängt immerhin ein S. A. M., ein Thomas Tannenberg, ein Thorsten Passfeld und ein Karlo Kannibalo. Und demnächst werde ich mir einen DM-Bob leisten. Übrigens: Über meinem Sofa hängt keine Kunst ab. Da haben Bilder bei mir einfach nichts zu suchen. Wie bitte!? Sie haben Fragen: Wer sind diese namenlosen und unbedeutenden Künstler, die in meiner Wohnung abhängen? Und hat das nicht trotzdem ein kleines Vermögen gekostet? Und ist das nicht eine Fehlinvestition für die Zukunft? Sie fragen mich einfach zu viel. Ich verschweige Ihnen die Antworten. Aber dafür schicke ich Sie in die Galerie Art Store von Karlo Kannibalo in der Wohlwillstraße mitten auf dem Kiez, damit Sie von ihm mal so richtig was auf die Augen bekommen. Das bekommt man nämlich auf St. Pauli, Kunst auf die Augen: cheap art, comic art, modern art, good art und bad art. Und das alles im Art Store St. Pauli, der schon seit 1990 Bilder von vielen verschiedenen Künstlern zu Schleuderpreisen unter das Volk bringt. Denn Kunst muss preiswert sein, das ist das Konzept von Anfang an im Art Store St. Pauli gewesen. Also treten Sie ein, und treten Sie nicht vor Schreck wieder zurück, wenn Sie unter den einzelnen Werken Preise wie 25 Euro, 30 Euro, vielleicht auch mal 150 Euro entdecken. Und keine Angst, der Galerist hat keine Null hinter einem Preis vergessen.

Und trotzdem sind die Originale aus den unterschiedlichsten Stilrichtungen im Art Store St. Pauli wertvoll. In Ihren Augen schon bald. In meinen Augen schon längst. Haben Sie eigentlich schon registriert, dass ich Sie die ganze Zeit begleitet habe, dass ich hinter Ihnen stehe, dass ich Ihre Unentschlossenheit spüre? Sie suchen noch den berühmten Haken! Sie sollten nicht länger nach ihm suchen. Denn wenn Sie noch einen Moment zögern, dann werde ich diesen ausnutzen, um das Bild „Earl" vom Künstler DM-Bob, das für nur 50 Euro, vor Ihnen von diesem Haken zu nehmen. Und das ist doch das Bild, für das Sie sich längst entschieden haben. Ich sehe doch, Sie haben den Schein schon in der Hand. Also gut, es soll Ihr Bild werden und sein. Ich werde ein anderes Mal wiederkommen, zu einer der ständig wechselnden Ausstellungen, die an den Wochenenden bestaunt und bei denen gekauft werden kann. Oder zu den Vernissagen, die einmal im Monat mit unterschiedlichen Künstlerinnen und Künstlern stattfinden. Wenn Sie nicht aus Hamburg kommen, aber trotzdem auf dem Laufenden gehalten werden wollen, finden Sie im Internet unter www.artstorestpauli.com sämtliche Informationen über die wechselnden Ausstellungen, selbstverständlich auch aktuelle Exponate der Künstler, die Sie dann auch per E-Mail kaufen können.

# Kunst unter den Fangnetzen

(Die Treppen im Alten Elbtunnel)

**Die Treppen im Alten Elbtunnel**

**Öffnungszeiten:**
**Mo–Fr 5.30–20 Uhr, Sa 5.30–16.30 Uhr**
**Parken für PKW gebührenpflichtig**

**Anfahrt mit den Bahnlinien**
**S 1, S 2 oder U 3 bis Station Landungsbrücken**

**„Elb-Art"/cult e.V.**
**Schulterblatt 36, 6. Stock**
**20359 Hamburg**
**Telefon: 0 40/4 30 41 40**

Es ist immer wieder die Kulisse im Hamburger Hafen, die mich
fasziniert, speziell die beleuchteten Kräne in der Nacht, die
eine unheimliche Atmosphäre verbreiten, wenn ihr Stahl in der
Dunkelheit scheinbar zum Leben erwacht. Das gilt auch ein
wenig für den Alten Elbtunnel! Vermutlich sind alle Hamburger
längst einmal in ihm auf und ab gegangen. Mittlerweile ist das
auch nicht mehr mit einem spannenden Gefühl besetzt, eher

handelt es sich um eine ausgelatschte Attraktion für Touristen,
die es unheimlich finden, in den riesigen gelben Fahrstühlen
unter die Elbe zu fahren.

Aber was ist mit den Treppen in diesem alten Gewölbe, diesen
schwebenden Schienen einer Achterbahn, die einen unheim-

lichen Blick in das Bodenlose gewähren? Sie haben eine eigentümliche Faszination und Spannung, die sich nicht nur durch meine latente Höhenangst erklären lassen. Und was ist mit den Fangnetzen zwischen den Treppen? Sind sie wirklich sicher? Ich weiß es nicht. Und vielleicht will ich es auch gar nicht so genau wissen. Langsam führt mich mein Weg nach unten, immer an der Wand lang, bis zur letzten Stufe. Ich atme Erleichterung ein. Ich atme Entspannung aus. Und ich gehe weiter durch den Alten Elbtunnel, der an diesem Tag wohl eine der längsten Galerien der Welt ist, in der Hamburger Künstler ihre Werke auf der „Elb-Art" präsentieren können, und das 20 Meter unter dem Hochwasserspiegel der Elbe. Hier verwandelt der *cult e. V.* die schmale Röhre des Alten Elbtunnels in eine Kulturmeile. 24 Stunden lang wird das historische Ambiente Raum für unterschiedliche Veranstaltungen sein. Die Weströhre wird zur Bildergalerie, in der rund 500 zeitgenössische Werke von 50 Hamburger Künstlern und anderen ausländischen Gästen – z.B. aus St. Petersburg oder Marseille – präsentiert werden.

Zum Konzept der Ausstellung gehört nicht nur der ungewöhnliche Ort, sondern auch die Präsentation von Verschiedenartigem: Malerei, Fotografie, Graffiti und Videokunst bieten einen Einblick in die Arbeiten bekannter und noch unbekannter Künstler. Und auch in diesem Jahr drängeln sich über 10 000 Menschen an den Bildern vorbei. Das habe ich allerdings erst später erfahren.

# Der letzte Tango in Hamburg
## (Tangonacht)

**T A N G O N A C H T**
**Tanzstudio La Yumba**
**Kastanienallee 9**
**20359 Hamburg**
**Telefon: 0 40/7 21 21 19**
**Fax: 0 40/72 69 86 73**

**Tangonacht jeden Freitag ab 21 Uhr**
**Eintritt: Euro 7,–**

**vorher von 19–21 Uhr: T A N G O P R A C T I C A**
**Eintritt: Euro 12,– pro Pers. und Abend**
**(die Tangonacht ist dann inklusive)**

**Anfahrt: Mit der S 1 oder S 3 bis Reeperbahn**
**oder mit der U 3 bis Station St. Pauli;**
**mit den Buslinien 36 oder 37 bis Davidstraße**

Wenn ich an Tango denke, habe ich sofort diese Bilder von Marlon Brando und Maria Schneider aus „Der letzte Tango in Paris" im Kopf, diese nihilistisch sexuellen und traurigen Begegnungen in einem leeren Wohnzimmer. Und vielleicht, aber auch nur vielleicht, ist der Sex und die Trauer, die diese exzessive Beziehung prägt, auch ein Ausdruck, der sich im Tango wiederfindet, unausgesprochen, aber getanzt. Auf jeden Fall hat der Tango in der Tangonacht im La Yumba nichts mit meinen pubertären Erfahrungen in der Tanzschule gemein. Sie kennen das mit Sicherheit: Eins – zwei und Wiegeschritt. Dann der Tritt auf den Fuß meiner Tanzpartnerin. So viel zu meinem letzten Tango in Hamburg. Und nun zur Tangonacht im La Yumba. Da diese Veranstaltung bisher noch ein kleiner Geheimtipp ist, haben wahre Tangotänzer hier noch viel Platz, ihre Gefühle auszutanzen. Natürlich tanze ich an diesem Abend nicht. Ich lasse mich ganz einfach von der Atmosphäre einfangen, die mir ein wenig fremd, aber auch vertraut ist. Das liegt an diesem Exzessiven und wird verstärkt durch die Räumlichkeiten, die mit viel Liebe zum Detail gestaltet sind. Große und kleine Wandmalereien und Schnitzereien und die vielen fast schon antik anmutenden Bilder und Gegenstände sind allein schon einen Besuch wert. Und im Saal steht natürlich auch ein großer Flügel. Angenehm ist auch das ‚luftige‘ Klima im La Yumba, denn im großen Saal besteht Rauchverbot. Das gilt natürlich nur für die Tänzer, ich als rauchender Mensch hätte schon gerne ein paar Nebelschwaden zwischen den wogenden Körpern gesehen. Aber das entspricht auch nur wieder einem meiner Klischees, von denen ich mich an diesem Abend lösen muss. Übrigens: Das La Yumba liegt ein bisschen versteckt, und man muss sich auf die Suche machen, denn die Räumlichkeiten befinden sich in einem einfachen Wohngebäude. Also, einfach in die Kastanienallee eintauchen, und dann hört man schon, wo das Tanzbein hingehört.

# Eintritt: Ein Stacheldraht
## (Museumswohnung in der Schanze)

**Stephan Watrin**
**20357 Hamburg**
**Schulterblatt 84**
**Telefon: 0 40/4 39 83 61**
**www.stephanslust.de**
**www.museumswohnung.de**

**Anfahrt: Mit der Bahnlinie S 1 bis Sternschanze oder Buslinie 115 bis Station Agathe-Lasch-Weg**

**Öffnungszeiten: nach tel. Vereinbarung**

Ich fühlte mich ein wenig wie der Schauspieler Stephen Boyd in dem Science-Fiction-Klassiker „Die phantastische Reise", auf einem ultimativen, psychedelischen Trip. Verkleinert auf die Größe einer Mikrobe, reiste ich im Schanzenviertel in das Innere eines Menschen, in die Weiten eines musealen Universums, genauer gesagt: in die Museumswohnung von Stephan Watrin. Natürlich musste ich mich nicht gegen weiße Blutkörperchen wehren, aber die Museumswohnung von Stephan Watrin erinnerte mich schon an einen lebenden, selbstständigen Organismus, der sich ständig verändert und weiterentwickelt. Dabei hat Stephan Watrin nur eines getan: Er hat angefangen zu sammeln, Erinnerungen zu sammeln, am Anfang in Gestalt von alten Werbetafeln und Aschenbechern. Es folgten Kinderspielzeuge, Werkzeuge, Küchengeräte, Reiseandenken, Ziergegenstände, Hirschgeweihe, Schlangenhäute, Eisbär-, Wolfs- und Schafsfelle, Kamel-, Hunde-, Widder- und Menschenknochen. Steine, Holzsorten und Drähte und … und … und …

Und wenn Ihnen im Hausflur von Stephan Watrin von oben eine Armada von Spazierstöcken droht, dann sollten Sie ihm sofort drei Euro in die Hand drücken oder einen Kupfer- oder Stacheldraht zum gleichen Wert. Das ist der Obolus, den man zu leisten hat, damit der Museumsdirektor Sie höchstpersönlich durch sein

innerstes Ich führt. Es ist, als hätte Stephan Watrins Seele in jedem Gegenstand Gestalt angenommen, als hätte er das Innere
nach außen gekehrt. In diesem Moment habe ich aber auch
gedacht: Ein Messie mit Methode. Und Müllmanager. Das Letz-
tere mag in diesem Fall auch stimmen. Denn wie sagt Stephan
Watrin auf seiner Website: „Ja, klar. Auch die Einnahme von
Geschäfts- und Privatessen in einer außergewöhnlichen Atmosphäre ist in den Räumlichkeiten möglich. Bis zu je 6 Personen
an 2 Tischen in 2 Räumen finden bequem Platz. Das wäre mal
was anderes als immer nur ‚Jacobs', ‚Scherrer' oder so! Kochen
ist hier für so viele Leute nur schwer möglich. Aber es gibt ja
Catering. Kosten für Anmietung der Location sind auszuhan-
deln."
Also doch, ein gewiefter Geschäfts- und Müllmann zu gleichen
Teilen. Egal. Das ist Nebensache. Seine 125 qm große Museumswohnung ist längst zu einem modernen Kunstraum und
Stephan Watrin zu einem Künstler geworden. Seit 1997 umwi-
ckelt er viele seiner Fundstücke mit Kupferdraht. Mit diesem

Kupferdraht isoliert er unliebsame Gegenstände in neue Formen oder verwandelt „schlechte" Erinnerungen in „schöne" Kunstwerke. Schon im Treppenhaus stellen sich einem die ersten Kunstobjekte in den Weg, und mir bleibt nur ein Staunen, weniger ein Verstehen. Selbst zu einer Ausstellung hat Stephan Watrin es gebracht. In dem Restaurant „Tapas" am Schulterblatt wurden zwei Monate lang seine Werke präsentiert.

„Stephan Watrin ist ein Phänomen!" Ich stehe vor seinem Kühlschrank, der selbstverständlich nicht mehr genutzt wird und – wie sollte es auch anders sein – ein Ausstellungsstück und natürlich gleichzeitig ein Ausstellungsraum ist. In ihm befinden sich Werbeartikel, Relikte aus den 40er, 50er, 60er Jahren. Vermutlich würde Stephan Watrin zu diesem Objekt sagen: „Die müssen alle frischgehalten werden, Erinnerungen vergehen und verderben sonst!"

Eigentlich bleibt mir nur eins zu sagen: Am besten dringen Sie selbst in die geheimnisvolle Welt der Museumswohnung ein. Es ist mit Sicherheit eine Zeitreise wert.

# Ein Kaiser in der Kloake
(Der Düker unter der Lombardsbrücke)

**Führungen durch die 150 Jahre alten Sielgewölbe organisiert das**
**Abwasser- und Sielmuseum**
**Bei den St. Pauli Landungsbrücken 49**
**20359 Hamburg**

**Öffnungszeiten: nur mit Voranmeldung**

**Kontakt: Hamburger Stadtentwässerung**
**Informationszentrum für Umwelt und Entsorgung**
**Norbert Wierecky, Hermannstr. 14, 20095 Hamburg**
**Telefon: 0 40/34 98-5340**
**Fax: 0 40/4 28 86-42 10**
**E-Mail: Norbert.Wierecky@hhse.de**

**Anfahrt mit den öffentlichen Verkehrsmitteln:**
**Bahnlinien S 1, S 3 oder U 3 bis Landungsbrücken,**
**Buslinie 112 bis St. Pauli Hafenstraße**

Kennen Sie eigentlich den Düker unter den Lombardsbrücken? Und wissen Sie eigentlich genau, was ein Düker ist? Ein Düker ist ein Siel, das ein Gewässer unterquert, in diesem Fall die Alster. Das Abwasser fließt über eine Gefällestrecke vom Dükeroberhaupt zum Dükerunterhaupt. Aber von hier starteten auch die Stadtentwässerer zu ihren Inspektionsfahrten, sogar Kronprinz Wilhelm, der spätere Kaiser, nahm auf einer 3,5 km langen Strecke unterirdische Fahrt auf, mit dem Hafen als Ziel. Der Kaiser in der Kloake soll sich sehr gewundert haben, weil die – scheinbare – Reinheit der Luft seiner Nase eher schmeichelte. Kaiser Wilhelm ist der Letzte seiner Art gewesen, der diesen zwielichtigen Ausflug unternommen hat. Von Hamburger Bürgermeistern hat man auf jeden Fall nie etwas Ähnliches vernommen. Aber es ist auch längst nicht mehr so einfach, überhaupt in die Kanalisation zu kommen. Vor den Inspektionsfahrten müssen die Rohre mit Gebläsen belüftet werden, weil giftiger Schwefelwasserstoff unsichtbar über der Kloake liegt. Und heiß ist es auch geworden: Das Abwasser hat sich in den letzten zwanzig Jahren um durchschnittlich zehn Grad Celsius zu einem Paradies für Ratten erwärmt. Sie finden hier ideale Lebensbedingungen, ernähren sich von „aufgewärmten" Abfallprodukten und scheinen aus dieser unterirdischen Großstadt auch nicht mehr ausziehen zu wollen. Von einer Überbevölkerung kann auch keine Rede sein. Die über 400 000 Ratten verteilen sich über ein Sielnetz von 5000 Kilometern. Und für die Bestattungen ist das Pumpwerk zuständig, das die toten Ratten tagtäglich entsorgt. Übrigens: In der Lombardsbrücke hat die Stadtentwässerung im September 1995 ein Siel restauriert und der Öffentlichkeit zugänglich gemacht. Der Abschnitt stammt aus der Zeit um 1870 und markiert die Endpunkte eines Dükers. Dort befindet sich auch eine Bootsanlegestelle für die unterirdische Gondelei. Schon 1842 plante und baute der englische Architekt William Lindley das Sielnetz nach dem Vorbild der Kanalisation in London. Hamburg ist die erste Stadt auf dem europäischen Kontinent, die sozusagen eine „Stadt unter der Stadt" bauen ließ, mit Straßen (Rohren), die einen Durchmesser von bis zu vier Metern haben.

# Kurzschluss der Augen
(Dialog im Dunkeln)

**Dialog im Dunkeln**
**Eine Ausstellung zur Entdeckung des Unsichtbaren**
**Alter Wandrahm 4, 20457 Hamburg**

**Telefonische Reservierung erforderlich!**
**Bookingline: 07 00-44 33 20 00**

**Öffnungszeiten:**
**Di–Fr 9–17 Uhr, Sa, So u. Feiertage 12–19 Uhr, Mo geschlossen**

**Anfahrt: Mit der Bahnlinie U 1 oder der Buslinie 111**
**bis Haltestelle Messberg, mit dem PKW**
**bis Zollgrenzübergang Kornhausbrücke**
**(Achtung: ab 18 Uhr ist eine Zufahrt nur über**
**die Niederbaumbrücke möglich)**

Ich muss mal kurz in meinen Erinnerungen kramen: Sommer 1997, Sommer 1998, Sommer 1999 …? Auf jeden Fall muss es ein Sonntag gewesen sein, einer dieser Sonntage in einem Sommer, an denen Familien sich so gerne Ausflug oder Kultur auf die Fahnen schreiben. Das schreibt ihnen die Sonne, der Sommer und der Sonntag vor. So sind die Rituale der Familientage. Und so hat mir auch dieser eine bestimmte Sonntag mein Programm vorgeschrieben; sozusagen ein Ausflug in meine Ängste, eine Einführung und Führung in die Finsternis. Ich weiß nicht mehr, wer mich davon überzeugen konnte, mich von blinden Menschen durch einen lichtlosen Raum führen zu lassen. Vermutlich ist mir meine Begleitung mit Absicht in den Rücken gefallen, um mich gleich darauf mit Blindheit zu schlagen. In diesem Moment war ich ein Nichts, das im Nichts stand. Und „Aus den Augen, aus dem Sinn" wurde in diesem Moment eine sinnlose Lebensweisheit. Denn nachdem meine Augen kurzgeschlossen wurden, konnte ich alles vergessen, was ich je gesehen hatte. Im Dialog im Dunkeln sind sie einfach für nichts zu gebrauchen. Und trotzdem glaubte ich in diesem

Moment einige Dinge zu sehen. Nase, Ohren und Hände wollten mir das Augenlicht ersetzen; später auch der Gaumen. So war ich dann ganz Ohr, ganz Nase und ganz Hände, in ängstlicher Erwartung der Dinge, die mich jetzt erwarten. „Hallo, ich bin Sabine!" sagte eine Sabine. Ich sagte nicht Hallo! Ich suchte meine Augen. Ich suchte diese Stimme. Ich versuchte mich zu orientieren. Links und Rechts, Oben und Unten hatten aufgehört zu existieren. Dann legte sich ein Seil in meine Hand, es muss ein Seil gewesen sein, das mich in der folgenden Zeit durch das Dunkel führte. Unter keinen Umständen durfte ich das Seil verlieren, es war mein Draht zum Licht, vielleicht auch zu einem neuen Sehen. Alles, was ich zu kennen glaubte, wurde nahezu komplett in Frage gestellt. Meine Hände berührten Dinge, die sie nie zuvor berührt hatten – und auch nicht mehr berühren wollten. Mein Kopf suchte die Erinnerungen, die die Hände berührt hatten. Aber ihm blieben nur vage Vermutungen. Selbst eine alltägliche Situation wie der Besuch einer lichtlosen Bar am Schluss meiner Exkursion hinterließ so viele verwirrende Wahrnehmungen, dass ich mit Sicherheit nicht sagen kann, ob ich zum Beispiel einen Amselfelder oder einen spanischen Gran Reserva an der Theke getrunken habe. Auf jeden Fall muss ich wieder hin, zum Dialog im Dunkeln, um vielleicht noch ein wenig mehr wahrnehmen zu können, noch mehr schmecken, riechen, tasten. Vielleicht wieder an einem Sonntag, zum „Dinner in the dark"? Hier hätte ich dann wenigstens einen Stuhl zu meiner Sicherheit unter dem Hintern und könnte das saisonal wechselnde Vier-Gänge-Menü genießen, unter Ausschluss meiner Augen.

Übrigens: Weil die Ausstellung nur in kleinen Gruppen besucht werden kann, ist eine telefonische Reservierung erforderlich! Die Führungen starten im 15-Minuten-Takt und dauern 60 oder 90 Minuten.

# Junge, komm bald wieder …
(Die Musiktruhe im „Silbersack")

**Musiktruhe in der
Gaststätte „Zum Silbersack"
Silbersackstraße 9
20359 Hamburg**

**Telefon: 040/3145 89
Öffnungszeiten: Fr–Sa 11–6 Uhr, So–Do 15–4 Uhr**

**S-Bahn-Linien S 1, S 3 bis Station Reeperbahn**

Es hat etwas länger gedauert, aber ich darf mit auf die Piste gehen, die Nacht von Hamburg verunsichern und sogar alkoholische Getränke trinken. Außerdem werden sich meine Ohren in fremde Gespräche einmischen, das habe ich mir heute Nacht vorgenommen, von wegen der Geheimnisse und all dieser anderen verborgenen Dinge. Natürlich ist es jetzt „Auf der Reeperbahn nachts um halb eins", und ich sitze mit ein paar Freunden im „Zum Silbersack" in der Silbersackstraße, das heißt, meine Freunde sitzen an den langen Tischen.
Ich habe mich auf einem Barhocker vor der alten Musiktruhe niedergelassen. Und der Platz in dieser Spelunke steckt voller Geheimnisse, trägt Spuren aus einer Unterwelt, in der einst Matrosen, Huren, Penner und Stricher verkehrten. Es scheinen noch die Geister aus vergangenen Zeiten zu spuken. Sie spuken auch auf den alten Bildern vom Hafen, die an den Wänden im „Silbersack" allmählich ihre Farbe verlieren, und die achtzigjährige Wirtin hinter dem Tresen scheint meinen Eindruck zu bestätigen. Sie ist eine Zeugin der Zeit, sie kann noch die Spuren – und damit auch die Geheimnisse – in einer unwirklichen Kulisse lesen, die ich mit Hilfe der Musiktruhe in das Leben zurückrufen kann. Das hat nichts mit Magie und Zauberei zu tun, es ist einfach der Sog dieser Unterwelt, der die alten Geister ruft. Mir genügt es schon, die 1425 zu drücken, den Code

in der Musiktruhe, den Code, der die Vergangenheit auferstehen lässt, und eine kleine schwarze Single ruft Hans Albers auf den Plan. Er tritt in diesem Moment im Kreis meiner Freunde auf. Es ist natürlich kein magischer Kreis, aber trotzdem scheint aus der Musiktruhe der Geist von Hans Albers zu treten, und das alles in einem kargen Ambiente, das sich seit der vorletzten Jahrhundertwende nicht mehr wirklich verändert hat. Wir reisen durch die Zeit, und Hans Albers singt unterdessen: „Flieger, grüß mir die Sonne" und „Komm auf die Schaukel, Luise". Dann abgelöst durch: „Ich bin die fesche Lola". Es gibt nur wenige Orte in Hamburg, an denen ich den alten Kiez wiederbeleben kann. Der Platz vor der Musiktruhe im „Silbersack" scheint einer der letzten zu sein. Und das mit Marlene Dietrich, Hans Albers, Heinz Rühmann und den kleinen schwarzen Scheiben aus der alten Musiktruhe …

Natürlich hat das Heute auch viel zu erzählen, und ich habe schon gesagt, dass ich mit meinen Ohren einen Plan ausgeheckt habe, sie stellen sich sofort auf, sie fangen die Gespräche im „Silbersack" ein.

„Ey, Heinz. Was machst du denn so?"

„Hör mal, ich hab' jetzt Urlaub."

„Wie viel Jahre hast du denn schon Urlaub?"

„Oh, toll, guck mal der, der gibt für alle 'ne Runde aus."

Er meint unsere Runde.

„Wenn du das so toll findest, kannst du ja auch 'ne Runde an mich ausgeben."

So geht die Nacht im „Silbersack". Übrigens: Für alle Fans wiederbelebter Schlager ist die Musiktruhe ein absoluter Geheimtipp, beherbergt sie doch eine große Anzahl von längst vergessenen Liedern.

# Kohl und Kanzler
(Das Kanzlerhaus in Harburg)

**21**

**Kanzlerhaus Harburg**
**Neue Straße 95**
**21073 Hamburg**

**Anfahrt mit den S-Bahnlinien S 3 oder S 31**
**bis Station Harburg-Rathaus**

Es kommt der Moment, da gehen einem die Geheimnisse langsam aus. Der Kopf ist ausgeräumt, es gibt nichts mehr zu berichten, und zu allem Unglück wird man von seiner Großmutter in Wandsbek zu Kohl und Pinkel eingeladen. Es gefällt mir nicht, für Kohl und Pinkel nach Wandsbek fahren zu müssen. Aber Traditionen in Familien sind verpflichtend, und Großmütter sind auch irgendwie eine Pflicht. Manchmal hat Kohl und Pinkel dann auch einen Vorteil: Großmutter beginnt mit vollem Mund zu sprechen. Sie kennt meine Arbeit um die Geheimnisse von Hamburg. „Der Bierkeller von Harburg!" Ich kann sie mit dem vollen Mund kaum verstehen. „Sie liegen unter der Villa in der Buxtehuder Straße 51. Es sollen Eis- und Kühlräume gewesen sein. Alte verwunschene Gewölbe, der Denkmalschutz ist ihnen schon auf die Spur gekommen, aber leider sind sie nicht zu besichtigen!" Sie legt noch ein paar nachdenkliche Falten auf, die zur Folge haben, dass meine Großmutter noch eine Idee hat. „Das Kanzlerhaus in Harburg. Es liegt in der Neuen Straße. Das ist wirklich ein wunderschönes Haus." „Und was ist das Geheimnis?" wage ich zu fragen. „Du und deine Geheimnisse. Das Haus hat Geschichte. Es ist das letzte seiner Art in Hamburg. Und es ist ein Zentrum der Macht gewesen. Obwohl ...", meine Großmutter legt eine Pause ein, „es am Anfang eine Münze war." Sie spricht für mich noch in Rätseln. Aber der Anfang ihrer Geschichte führt mich schon in die richtige Richtung.

Auf dem Grund und Boden des Kanzlerhauses hat bis 1631 eine Münze gestanden, und 11 Jahre später, 1642, regierte man an diesem Ort ganz Harburg und seine Umgebung; natürlich durch einen Kanzler der Herzöge von Braunschweig-Lüneburg. Aber nicht nur der Kanzler bezog sein Domizil im Kanzlerhaus. Auch ein Wachmann und der Kommandant von Hamburg hatten hier eine Wohnung und einen Arbeitsplatz. Später ist das Kanzlerhaus oder auch Justizhaus in den Privatbesitz eines Amtmanns des Kurfürstentums Hannover übergegangen. Die fälligen und anschließenden Renovierungen zu einem faszinierenden Fachwerkhaus (1705) sind leider nicht mehr im Ganzen erhalten. Aber eine wirkliche Rarität ist das klassizistische Treppenhaus (1780), das nicht nur in Harburg, sondern in ganz Hamburg eine seltene architektonische Perle ist. Es ist der Stiftung Denkmalpflege Hamburg zu verdanken, dass das Kanzlerhaus, eines der letzten Zeugnisse der vorindustriellen Ära, heute noch von einem längst untergegangenen Harburg zu berichten weiß. Und ich muss mich jetzt um den Bierkeller unter der Villa kümmern.

# Wer kennt denn schon Richard Dehmel?

(Das Richard Dehmel-Haus)

**Das Richard Dehmel-Haus**
**Richard-Dehmel-Straße 1**
**22587 Hamburg**

**Anfahrt mit der S-Bahn bis**
**Station Blankenese**

„Bis der Morgen graute, bis Menschen kamen, hilfreich kamen, Mann für Mann, mich herzlich bei den Händen nahmen, und holder Frauen lachten mich an: Sieh doch, da steht das Haus schon errichtet; während du schweifest von Traum zu Traum, ward Stein auf Stein zur Mauer geschichtet, der dunkle Hain zum Garten gelichtet, dir zum heimatlichen Raum."
So weit ein Stück aus dem Gedicht: „Das Haus des Dichters" von Richard Dehmel (1863–1920). Ich kenne nur ein kleines Stück von diesem Dehmel, oder das, was von ihm übrig geblieben ist. Dabei hat Richard Dehmel vor rund hundert Jahren eine ganze Generation von Künstlern und Dichtern bewegt. Für viele verkörperte er zum Beginn des 20. Jahrhunderts den Aufbruch in eine neue Zeit und in ein neues Land. Über 56 Bücher von Richard Dehmel stehen heute noch in der Staatsbibliothek und warten auf ihre Leser. Es ist ein wenig seltsam, dass ein Mann – Dichter und Künstler – so schnell in Vergessenheit geraten konnte, obwohl er zu seiner Zeit mit so bedeutenden Malern wie Edvard Munch und Ernst Ludwig Kirchner zusammengearbeitet hatte, von Max Liebermann portraitiert wurde, und er selbst z.B. Else Lasker-Schüler in ihrem Werk unterstützte, die ihm dann ein Gedicht widmete. Rund um Richard Dehmel sammelten sich Namen und Menschen, die heute noch weltweit bekannt sind – nur von Richard Dehmel ist nicht mehr die Rede. Richard Dehmels Asche liegt in einer

Urne, die seit 1921 wie auf einem Altar in seinem Bücherregal im Dehmel-Haus steht. Auch sie ist zu besichtigen, denn was von Richard Dehmel wirklich geblieben ist, ist eben das über und über mit Grün bewachsene Haus. In ihm lebt der Geist des Dichters weiter: Das Haus ist seine Schöpfung, das Abbild seiner Persönlichkeit, es ist eine fast unheimlich lebendige Grabstätte, der Bau eines untergegangenen Kultes und ein Denkmal, das ein Dichter sich selbst gesetzt hat, um nicht in Vergessenheit zu geraten. Das ist ihm mit diesem Haus gelungen. Obwohl sich das Haus im Moment sehr verschlossen gibt, sollen immer wieder kunst- und kulturhistorische Treffen stattfinden, und vielleicht gelingt es Ihnen dann, einen Blick in die private Sphäre von Richard Dehmel zu werfen.

# Nivea ist aus!
## (Eine ungewöhnliche Drogerie)

**Adresse: Irgendwo in Hamburg**

Bei mir unten im Haus ist eine Drogerie. Das sind sie oft, die Drogerien, unten in irgendwelchen Häusern. Sie ist ein Ort aus Geschichte und Traditionen. Sie ist eine Drogerie seit fünfzig Jahren, die noch in alten Ladenschlusszeiten denkt. Auch hält sie die Mittagspause zwischen 12 und 14 Uhr ein, entgegen allem Modernen im Großstadtverhalten von Hamburg. Unverstanden von denen, die genau in dieser Zeit gerne eine Drogerie besuchen. Zum Beispiel, um Flüssigkeiten und Gegenstände für die Küche zu kaufen.

Ich gehe nie in diese Drogerie. Sie ist mir irgendwie zu alt. Vermutlich hat sie nicht einmal die Produkte, die man heute auf jeden Fall und auch für alle Fälle so braucht. Sie ist wirklich seltsam, diese Drogerie: Selbst im Sommer brennen alte Neonröhren unter der Decke. Und in den Schaufensterauslagen lungern Dinge die Zeit ab, die mir sicher unter die Haut gehen würden, aber nur mit welchen Ergebnissen!?

Ich bin seit jeher ein bisschen „Schlecker" und versorge von da aus mein Klo und meine Küche mit den hygiene-erhaltenden Mitteln und Wundern. Außerdem ist es auch so eine Preissache. Also lasse ich die Drogerie links von meinem Portemonnaie und meiner Aufmerksamkeit liegen, aber nur eine Zeit lang. Sie bleibt weiterhin Drogerie, da unten in meinem Haus.

Mit der Zeit, das mit der Zeit sage ich immer, wenn es zu einer Wendung kommt, scheint es mir, als ob die Klinke der Drogerie selten, dann nicht mehr gedrückt wird. Vermutlich wird sie bald schließen, friedlich einschlafen, einen letzten insolventen Aufschrei tun, um all das Tesa und andere Lagerbestände abzustoßen. Ich freue mich schon auf die Coffee Bar, die dort einziehen wird, denn die ziehen überall ein. Und Coffee to go

am Morgen, und das unterpreisig lecker, das gefällt mir über alle Maßen.

Die Drogerie aber bleibt ganz Drogerie. Obwohl in den letzten Tagen nicht ein Kunde mehr die Drogerie betreten hat, hält sie ihre Türen weiter offen, wie schon erwähnt, mit den alten Ladenschlusszeiten und den Mittagspausen zwischen 12 und 14 Uhr.

Seit kurzem beobachte ich sie wieder mit Interesse. Aber mal sehen, was da nicht so los ist, da halte ich mich zurück. Ich bleibe draußen vor der Tür. Denn die Drogerie scheint meinen Besuch nicht zu wünschen. Ich weiß nicht, wie ich das erklären soll: Eine Drogerie, die nicht betreten werden will. Nicht einmal einem besten Freund könnte ich diese Geschichte stecken. Denn gerne hätte ich diesen Freund zu diesem Ort gelockt, damit er seine Blicke im Innern zu meinen macht. Aber ich habe keinen Freund, der sich schicken lässt, der an meinem Kinderspiel teilnehmen wollte.

Seit einer Woche nun stehe ich über Stunden auf der Seite vis á vis zur Drogerie. Ich habe extra Urlaub genommen, verrückt. Ich warte auf den nächsten Kunden. Und nur abwarten, das Ausstehen gegenüber der Drogerie, wird mit – endlich, einem Kunden – belohnt. Weiß und männlich. Ein Meter achtzig, in

Circa. Vierzig Jahre alt, auch in Circa. Gepflegt und freundlich, durchaus. So meine erste ermittelte Kundenbeschreibung.

Er, der Kunde, hält die Klinke zur Drogerie in der Hand und drückt sich damit in das Geschäft. Mit Recken und Strecken versuche ich Einsicht zu nehmen, was mir nicht wirklich gelingt. Außer einigen verschatteten Bewegungen zwischen der Besitzerin und dem Kunden entgeht mir alles und lässt mir keinen Platz für Spekulationen. Nach vier oder auch fünf Augenblicken verlässt der Kunde die Drogerie wieder. Ich sehe, dass er spricht, mit sich spricht, nicht ungewöhnlich für Menschen aus der Stadt. Aber sein Gesicht hat sich verändert; es ist jetzt eine Miene aus Stein und anderen Baustoffen. In seinen Händen, deutlich zu erkennen, ist nichts. Er hat nichts gekauft. Das macht in mir ein Wundern auf.

Seit ich beobachten kann, hat die Drogerie nichts mehr verkauft, selbst wenn sie, wie ermittelt und festgestellt, einen Kunden hatte.

Mir ist nach einem Plan und einer Idee. Zurück in meinen nachgezählten elf Wänden, sammele ich mich zusammen, um wieder einen ganzen Kopf zu bekommen. Ich beginne das Innere meiner elf Wände nach Gegenständen, auch Flüssigkeiten, zu

durchsuchen, die mir fehlen könnten, aber unbedingt da sein müssten. Doch vom Klarspüler bis zur Topfbürste, vom Essigreiniger bis zum Wischlappen, alles ist da, wo es da sein muss, um meiner Ordnung und Sauberkeit Ausdruck zu verleihen. Ich stelle in diesem Moment ein Fazit an, vermutlich wird es eine Festanstellung werden: Ich bin ein Mensch, der alles hat. Schwer zu beschenken – und zu überraschen.

Das ist ein Zustand, der mich hält, den ich aber in dieser Situation nicht halten kann. Irgendetwas muss mir doch fehlen. In meinem Leben.

Eben darum stelle ich die Suche und irgendwie auch Sucht nach dem Fehler nicht ein. Aber ich finde alles aus – und auch für mein Leben wieder. Nur das eine, das immer gefüllt und die Haut meiner Hände mit Fett erfüllt, das endlich finde ich, meinen ganz persönlichen Fehler. Mir fehlt meine Dose Nivea.

„Ich habe einen Fehler!" Selten habe ich mich so laut gelobt. Aber das muss jetzt sein, dieser Umstand, mir selbst ein Kompliment zu verabreichen.

Bei mir unten im Haus ist eine Drogerie. Sie ist ein Ort aus Geschichte und Tradition. Darum wird sie auch eine Dose Nivea haben.

Nun endlich und dann auch gleich wird sich mein Urlaub bezahlt machen, aus der Anspannung würde Entspannung werden. Und ich könnte schon am Montag wieder etwas mit meiner Arbeit zu tun haben.

Jetzt bin ich an der Klinke, habe es in meiner Hand, in die Drogerie zu kommen, und drücke mich vor die Kasse in ihrem Innern. Nicht weiter und sofort. Ich bin ‚Der einzige Kunde', bei meinem Auftritt in diesen Kulissen, so die Titelei in meinem Kopf.

In der Drogerie verhält es sich normal, verhält sich alles normal. Alles ist Regal. Ich meine, alles ist in Regalen eingeräumt, so wie es in den besten Drogerien vorkommt. Und in einem der Regale sieht es verdammt blau nach Nivea aus. Alle Produkte dieser Marke sind zum Verkauf zusammengekommen. Auch meine Hundert-Milliliter-Dose.

„Ja?", schüchtert mich eine Stimme von unten an. Einen halben Meter unter mir entdecke ich die Oberfläche ihres Schädels. Sie spricht mit mir. Sie befragt meinen Bauchnabel, als könne der reden.

„Was kann ich für Sie tun, mein Herr?"

„Nivea", sagt mein Herr und ich besuche ihr Gesicht, das alte, das zur Historie, zum Inventar der Drogerie gehört. Unter ihren Augendecken flackern die alten Neonröhren. Auch halten diese Augen die Mittagspause zwischen 12 und 14 Uhr, da müssen sie schlafen, muss sie schlafen. Ich ahne schon, sie ist diese Drogerie.

„Nivea, ja?" fragt mich die Drogerie.

Zeit meiner Erinnerungen ist Nivea immer eine Handcreme gewesen. Heute kann und ist Nivea einfach alles. Ein Rasierschaum, ein Deostift. Und noch viel mehr. Man sagt nicht mehr: Nivea, bitte.

„Ich brauche die Handcreme von Nivea. Die Hundert-Milliliter-Dose."

„Ja", sagt die Drogerie und löst sich von meinem Bauchnabel. Sie verschwindet zwischen allen Regalen auf der Suche nach meinem Wunsch. Ich warte, ich warte zehn Minuten. In der elften Minute ihrer vergeblichen Suche passiert sie auch das Gebiet von Nivea. Ich will etwas sagen, einen Hinweis geben, zur Hilfe eilen, dieser alten Frau, auch irgendwie Dame, aber sie sieht nicht auf. Sie sieht wieder meinen Bauchnabel an und sagt ihm: „Nivea ist aus."

„Aus. Ausverkauft?"

„Ja", sagt die Drogerie, „vielleicht versuchen Sie es nächste Woche wieder."

Bei mir unten im Haus ist eine Drogerie. Sie ist wirklich seltsam, diese Drogerie: Selbst im Sommer brennen alte Neonröhren unter der Decke.

# Kah, mein Name ist Heiner Kah …

(Die einzige Krimi-Buchhandlung in Hamburg)

**„Heiner Kah" Krimi-Buchhandlung**
**Weidenallee 60**
**20357 Hamburg**

**Öffnungszeiten:**
**Mo–Fr 10–18 Uhr, Sa 10–14 Uhr**
**Telefon: 0 40/45 92 54**
**www.heiner-k.de**

**Anfahrt mit der Bahnlinie U 2**
**bis Station Christuskirche**

Ich nähere mich einem Schauplatz des Verbrechens in Hamburg. Ich weiß, was mich erwarten wird. Die Polizei wird, wie immer, nicht rechtzeitig eintreffen. Aber sie werden da sein, die Gangster, Mörder und Diebe aus der Halbwelt. Sie kommen von überall her in die Weidenallee zu Heiner Kah, um sich mit ihren Verbrechen zu brüsten. Sie liefern sich ihm freiwillig aus. Sie lassen sich sogar dafür bezahlen. Aber die meiste „Kohle" zockt Heiner Kah ab. Heiner Kah begrüßt mich schon am Eingang mit diesem Handschlag unter Wissenden, denn ich gehöre zu seinem dunklen Umgang, zu seinen Machenschaften in diesem Schuppen, und bin längst in seinem Archiv der Verbrecher. Er weiß alles über mich, er hat selbst meine Verbrechen auf der Liste. Dabei sind es nur zwei kleine Bücher gewesen, die keine Spuren hinterlassen, niemanden verletzt haben. „Und was macht dein Kerbholz?" fragt mich Heiner Kah wissend. „Ich bin endgültig ausgestiegen." Heiner Kah muss ungläubig lachen. Übrigens: Das einzige Archiv der Verbrecher finden Sie in der einzigen Krimi-Buchhandlung von Hamburg in der Weidenallee. Über 2000 Verbrechen beziehungsweise Krimis hat Heiner Kah immer auf Lager. Und Heiner Kah kennt seine Ganoven, selbst die unbekanntesten Verbrechen aus einem abgeschiedenen Kaff werden Sie bei ihm finden. Und vielleicht auch den einen oder anderen Autor der Krimi-Szene. Lassen Sie sich einen Tipp geben, wann diese Typen bei Heiner Kah aufkreuzen. Ich grüße noch einmal alle Ratten in diesem Laden, die in den Regalen die Bücher bewachen. Und nachdem ich Heiner Kah verlassen habe, steckt kein Krimi in meiner Tasche, aber einen Kaffee habe ich unter der Hand trotzdem bekommen!

# Ein Garten wie
# Else Lasker-Schüler

(Der Garten der Alma de l'Aigle in Eppendorf)

**Der Garten der Alma de l'Aigle**
**St. Anscharhöhe**

**Informationen: Stadtteilarchiv Eppendorf e.V.**
**Martinistraße 40, 20251 Hamburg**
**Telefon: 040/4804787**

**Busstation Frickestraße, Linien 39 oder 22,**
**oder Linie 5, Busstation Nedderfeld**

Ich mache mal wieder in Sommer, d.h. ich spiele mit ein paar Sonnenstrahlen und lasse mich mit ihnen in eine Oase der Stadt fallen, in eine naturhistorische Rarität: den Garten der Familie de l'Aigle. Dieser verwunschene Garten auf dem Gelände der Stiftung St. Anscharhöhe ist nur noch zum Teil erhalten. Das nimmt ihm aber nichts von seinem märchenhaften Zauber, verstärkt durch die Schönheit und Eigenart, die die einsetzende Verwilderung des Gartens mit sich bringt. Und nur wenige werden wissen, dass in diesem Garten Wunder lebten. Weintrauben mit sanftgrauem Schleier auf der Frucht, Äpfel, die einzeln in Laken aufgefangen wurden, seltene Glasäpfel, schlitzblättrige Brombeeren und „Captain Christy" und „William Allen Richardson", Früchte, die so groß und aromatisch waren, dass sie zu kulinarischen Legenden wurden. Und kaum jemand weiß, dass dieser Garten längst zu einem Buch geworden ist, aus der Feder einer imponierenden Frau: Alma de l'Aigle (1889–1959), Malerin, Lehrerin, Erzieherin, Autorin, Widerstandskämpferin und natürlich Rosenliebhaberin ist die Künstlerin, die diesen verwunschenen Garten angelegt hat. Sie führte fort, was ihr Vater begonnen hatte: Friedrich Alexander de l'Aigle, enthusiastischer Pomologe, Jurist und Lebensreformer, legte einen Naturgarten an,

der ein Protest gegen die Bürgerlichkeit und ihre zugeschnittenen Gärten war. Dieser Garten wurde für Alma de l'Aigle zum Ausgangspunkt einer Lebensphilosophie. Und sie wurde zu einer kämpferischen Frau, deren Lebensweisheiten sich in sozialkritischen Abhandlungen, modernen Erziehungsregeln und Kindergeschichten niederschlugen. Mir der gleichen Ausdauer verschaffte sie sich ihre Rosenkenntnisse, entwarf sie ein Kompendium: „Rosengarten des intelligenten Faulen", das angeblich heute noch unter Gartenfreunden bekannt sein soll. Und mit Sicherheit hat Alma de l'Aigle nicht wissen können, dass der Garten neben der Monte-Verita-Bewegung, ne-

ben Heinrich Vogeler und Else Lasker-Schüler eine garten-
künstlerische Alternative setzte, so dass selbst die Nazis, Blut
und Boden verbunden, das Werk einer widerstreitenden Frau
für sich beanspruchten. Was ist geblieben von den vier Gärten
der Alma de l'Aigle? Ein Rest von Garten auf der St. Anscharhöhe als ein Spiegel seiner Zeit, und die Erinnerungen an eine
streitbare Frau. Ich sitze noch immer in dem verwilderten Garten mit seinen alten verkrüppelten Bäumen, dichtem Brom-
beergestrüpp und kletternden Rosen – und dann lasse ich
mich von dieser Zeit überholen. Es gleicht einem seltsamen
Phänomen, in der Mitte einer hektischen Stadt in eine Welt
einzutauchen, die die Worte Zivilisation und Stress zu Unwor-
ten erklärt.

# Pfeffersäcke für Paternoster
(Paternoster in Hamburg)

**26**

**Der Paternoster im Slomanhaus**
**Baumwall 3**
**20459 Hamburg**

**Anfahrt mit der Bahnlinie U 3**
**bis Station Baumwall**

Es ist mir schon wieder passiert. Ich stehe im Paternoster im Slomanhaus und muss durch den Keller fahren. Ich habe das Aussteigen verpasst. Obwohl ich ganz genau wissen sollte, dass mir bei der Fahrt durch den Keller nichts passieren kann, halte ich automatisch den Atem an. Unten im Keller beleuchtet ein schwaches Licht das knarrende Rad, das den ebenfalls knarrenden Paternoster in Ruhe seine Bahnen fahren lässt. Dann kommt ein leichter Ruck, die Kabine rollt nach links, und mein Blick geht instinktiv nach oben zum Licht. Paternoster, das sind die wirklich geheimnisvollen Fahrstühle: aussterbende Aufzüge in Hamburg. Und den Sprung in die fahrende Kabine zu wagen, um dann wieder den perfekten Absprung in das Treppenhaus zu finden, das ist das wahre Mysterium, wenn man in einem Paternoster fährt. Aber wo sind sie geblieben? Der erste Paternoster, der in Hamburg 1885 in das erste Kontorhaus der Stadt, in den Dovenhof, installiert wurde, war zugleich auch der erste Paternoster auf dem Kontinent. Im Sprinkenhof ist heute noch ein Exemplar, wenn auch stillgelegt, zu bewundern; zwei noch funktionstüchtige befinden sich, wie gesagt, im Slomanhaus und in der Deichstraße. Dabei haben die Paternoster eine große Tradition, denn in Hamburg haben sie reißenden Absatz gefunden. In vielen anderen Ländern (England, Amerika) fürchteten sich viele vor der angeblichen Verletzungsgefahr, auch in allen anderen deutschen Städten. Aber die Hanseaten fürchteten die Paternoster nicht! Sie

schätzten seine „Dienstleistung", dass man ohne Anstrengungen und langes Warten in die oberen Etagen kommen konnte. Und außerdem erschloss dieses ökonomische Gefährt den Hamburgern neue Wohn- und Arbeitsräume über den Dächern der Stadt, die bis zu diesem Zeitpunkt schlecht zu vermieten gewesen waren.

# Mit der Tür ins Dorf fallen

(Dörfer in St. Georg)

**Das gastronomische Dorf:**
**Lange Reihe 39**
**20099 Hamburg**
**Telefon: 0 40/24 56 14**
**Öffnungszeiten: Mo–So 20–2 Uhr**

**Das verschlossene Dorf:**
**St.-Georgen-Straße 5**
**20099 Hamburg**

**Anfahrt: bis Hauptbahnhof**
**(mit allen U-Bahnen und S-Bahnen)**
**oder Buslinie 6, Nachtbus 607**
**bis Station Gurlittstraße**

Um in eines der Dörfer in St. Georg zu gelangen, was nicht ganz einfach ist, sollte man mit wachen Augen durch die Lange Reihe gehen. Das Ziel meiner Wünsche verbirgt sich in einem Kellergeschoss. Und weil ich kein Trottel vom Dorf bin, weiß ich natürlich auch, welche der vielen Türen die Tür „Dorf" ist. Es gibt nämlich kein Wirtshausschild. Wer nicht weiß, welches Kleinod sich dahinter verbirgt, würde niemals auf die Idee kommen, Hand an die Klinke zu legen. Und jedem Fremden im Dorf sei gesagt, dass die Pyramide aus Plexiglas angeblich die einzige ihrer Art ist, in der Cappuccino und Eiergrog ausgeschenkt werden. Wer den Weg dann noch aus dem „Dorf" findet, sieht sich vielleicht auf der linken Seite in der St.-Georgen-Straße 5 das zweite Dorf an. Es reicht aber nicht, nach einem typischen Dorf Ausschau zu halten. Es gibt keine Kirchturmspitze zu sehen. Kein Hahn kräht in diesem Hof. Es riecht auch nicht nach Mist. Es scheint das verschlafenste und verschlossenste Dorf in ganz Hamburg zu sein. Denn leider lässt sich die Holzpforte nicht immer dazu bewegen, einen Blick auf einen traumhaften Kattenhof (Wohnhof) werfen zu können, in dem zwei wunder-

schöne alte Fachwerkhäuser stehen. Aber die Bewohner von
Dörfern sind schon immer ein wenig verschlossen gewesen –
vor allen Dingen dann, wenn Menschen aus der Großstadt
kommen. Der letzte Stand der Dinge ist, dass eine Atelierge-
meinschaft in dem Dorf lebt und dass selbst das Denkmalamt
keine näheren Angaben über die Fachwerkhäuser machen
kann. Vielleicht muss man einfach den richtigen Augenblick
abwarten, wenn einer der Bewohner die Holzpforte zum Dorf
aufschließt.

# Der Auszug der Möwen
(Der Hafenspeicher Schellerdamm)

**28**

**Hafenspeicher Schellerdamm**
**Schellerdamm 4**
**21079 Hamburg**

**Anfahrt: Mit der S 3 oder S 31**
**bis Harburg-Rathaus**

„Jenny, dein Fischmarkt hat sich verändert. Die Baustelle der zukünftigen nördlichen Hafenstraße wälzt sich über das Fischmarktgelände herunter zum Kai, kahlgeschlagene Flächen, auch hier kalt, eisiger Wind, Schäferhund vorbei an ehemaliger Fischauktionshalle in Scherben, für baldigen Abriss – der schöne, historisch sehr bedeutende Speicher wurde bereits abgerissen – Möwen bleiben fern, denn Glasscherben sind kein schmelzendes Eis, Scherben verletzen – hier ist selbst für Möwen keine Bleibe mehr." Das ist das Zitat aus einem Brief von Detlef Kappeler (geb. 1938), der seine Kindheit und Jugend auf St. Pauli verbrachte und als Professor für Architektur an der Universität Hannover den „Kahlschlag" von historischen Häusern in Hamburg mit besonderer Aufmerksamkeit verfolgt hat.
Ich lese den Brief zu Ende, und spontan fällt mir der Begriff „Freie und Abrissstadt Hamburg" ein. Dabei muss ich unweigerlich an den Hafenspeicher Schellerdamm denken, der nicht in St. Pauli oder Altona, sondern in Harburg steht. Hier gibt es sie noch, die Geschichten, die dort nicht mehr zu „lesen" sind. Viele Gebäude, aus früheren und sogar vorindustriellen Zeiten, stehen noch im eigentlichen historischen Zentrum von Harburg, wie auch der Hafenspeicher am Schellerdamm 4, der um 1845 gebaut wurde und der trotz der damaligen modernen Infrastruktur nicht an einen Zweckbau, sondern an ein „hanseatisches" Kaufmannshaus erinnert. Der eigentliche Speicher

befindet sich sozusagen hinter dem Kaufmannshaus und schließt direkt an den Wasserweg (Bahnhofskanal) an. Für Lieferanten, die über den Landweg kamen, existierte ein öffentlicher Weg. So wurde der Hafenspeicher Schellerdamm zu einem Knotenpunkt, einem Umschlagplatz, der Schienen-, Straßen- und Wasserwege miteinander verband. Und das entsprach dem Gedanken einer modernen Industrialisierung im Harburg des vorigen Jahrhunderts. Seit 1996 steht das Gebäude unter Denkmalschutz, das bewahrt den Hafenspeicher Schellerdamm vor einem Umbau für gewerbliche Zwecke. Ganz im Gegenteil: Der im Stil des romantischen Historismus errichtete Speicher wird im Inneren seine kleinteilige Parzellenstruktur behalten, die der räumlichen Aufteilung aus der frühen Zeit der Industrialisierung entspricht und somit auch ein bedeutendes Denkmal im Binnenhafen von Harburg bleiben wird. Und die Möwen? Die habe ich auch in Harburg nicht mehr gesehen.

# Amsel, Drossel, Fink und Star!
(Der Bunker in der Averhoffstraße)

**Der Bunker in der Averhoffstraße**
**Kontakt:**
**Hochschule für bildende Künste**
**Averhoffstraße 38**
**22085 Hamburg**

**Infos unter:**
**http://www.gebaeudetechnik-hfbk-hamburg.de**
**sabinebusching@gebaeudetechnik-hfbk-hamburg.de**

Irgendwann hat es in diesem Unten auch einmal Strom gegeben, das war Anfang vom dritten Jahrtausend, im Jahr 2003.
Da hat es Strom für die Kunst gegeben, die in dieses Unten für
eine kurze Zeit eingezogen ist, um sie beleuchten zu können.
Ich stolpere gegen einen Rest dieser Kunst. Im Kegel meiner
Taschenlampe tauchen ein Sessel und ein Fernseher auf. Kunst
eben. Nicht abgebaut. Nicht ausgeräumt. Ich weiß nicht, welchen Sinn sie hier unten anstellen sollte, die Kunst. Sie wurde
‚underground averhoff' genannt, ein interdisziplinärer Diskurs
mit der Begegnung von Technik, Kunst und Geschichte sollte
stattfinden. Auch ein Gedenken und Erinnern an den 60. Jah-
restag des Feuersturms, der über Hamburg hinwegfegte. Aber
das will ich in diesem Moment auch nicht so genau wissen. So
unwirklich und unwirtlich umfängt mich das Labyrinth in dem
3-Röhren-Bunker Averhoff. Es ist mit Sicherheit einer der be-
klemmendsten Orte Hamburgs, durch den ich mich bewege,
und es braucht nicht einmal ein Zeichen der Kunst, damit mich
etwas zum Nachdenken bewegt.
Unter den vielen Röhrenbunkern Hamburgs, und den wenig
noch erhaltenen, ist dieser Bunker ein großes Mysterium. Selbst
in den Archiven ist nichts zu finden, und in allen Dokumentati-
onen fehlen immer die Seiten über ihn. Ausgeschnitten? Aus-
gerissen? Keine Ahnung. Nur dass er 1942 unter dem Pausen-

hof der damaligen Grundschule Averhoffstraße gebaut wurde, das ist dokumentiert, mehr nicht. Aber an diese Informationen, dass nichts über ihn in Erfahrung zu bringen ist, dass er ein Geheimnis bleiben wird, bin ich viel später gekommen.

Ich lasse mich weiter von diesem Unten fangen, lasse mich befangen auf diese kleinen unübersichtlichen verwinkelten Räume ein, die sich kalt, dreckig und immer sehr finster vor mir auftun. Und möchte eigentlich nur das eine tun, nämlich den Ausgang erreichen, diesen Rundgang in Geschichte beenden.

Aber Orte wie der 3-Röhren-Bunker Averhoff haben nicht vor, einen in Ruhe zu lassen, speziell mich in das Hier und Jetzt zu entlassen. Ganz im Gegenteil: Bilder bestürmen mich mit Fragen, reale Bilder, die an den Wänden des Bunkers in jeder der Fallen, ich meine Räume, zu finden sind. Amsel, Drossel, Fink und Star und die ganze Vogelschar. Alle denkbaren einheimischen Singvögel sind in einer seltsam stilisierten Malerei auf die Wände aufgetragen. Nicht in einem der Röhrenbunker Hamburgs habe ich diese Art von Kunst, diesen Anflug von Zierde gefunden und frage mich schon, was diese Vögel in diesem Unten zu suchen haben. Heimat- und Sachkunde, um den Unterricht der Grundschule fortzusetzen: Sarkasmus, der fehl an diesem Platz ist, ich weiß. Oder aber ist es ein Indiz, ein Hinweis darauf, wie schön die Welt sein kann oder könnte, wenn denn der Krieg nicht oben toben würde. Auch in diesem Punkt wird der 3-Röhren-Bunker Averhoff ein Mysterium bleiben.

Und dann wird die Stahltür wieder verschlossen, die Geschichte darin eingeschlossen, auch die unvorstellbaren Geschichten, die in diesem Unten stattgefunden haben müssen.

# Der Rattenfänger von Hameln
(Der Rattenfängerbrunnen in Barmbek)

**Der Rattenfängerbrunnen in Barmbek**
**Schwalbenstraße 64–66 (im Hof)**
**22305 Hamburg**

**Anfahrt mit der Bahn:**
**U 2 bis Station Habichtstraße oder**
**mit der Buslinie 172 bis Fuhlsbüttler Straße**

„In Ihrem Garten sind Ratten!" Und im nächsten Moment stellt
ein Kammerjäger drei Rattenfallen in meinem Garten auf. Das
haben sie gehört, die Ratten, denn nicht eine von ihnen geht
in den nächsten Wochen in eine der Fallen. Vermutlich treffen
sie sich alle in dieser Zeit beim „Rattenfängerbrunnen" in
Barmbek. Es ist mir ein bisschen schleierhaft, warum man in
Hamburg-Barmbek einen Brunnen für einen Rattenfänger aufgestellt hat. Eigentlich ist das eine Sache für den Rattenfänger
von Hameln bzw. die Stadt Hameln. Oder aber hat der Rattenfänger vielleicht auch in Hamburg Kinder und/oder Ratten ent-
führt und dieses Lied gespielt, diesen unglaublichen ersten
Ohrwurm, dem die Ratten und/oder Kinder verfallen sind? Eine
Sache weiß ich mit Sicherheit zu berichten: Der „Rattenfängerbrunnen" von Richard Kuöhl fristet heute sein ödes Dasein im
Hof hinter der Schwalbenstraße 64–66, natürlich ohne fließen-
des Wasser. Und gerade die Tristesse in diesem Hinterhof
scheint für ihn geschaffen zu sein. Sie spinnt das Geheimnis
um den Rattenfängerbrunnen, das vielleicht niemals ein Geheimnis gewesen ist. Und von den meisten Menschen in Barmbek ist der Rattenfängerbrunnen längst vergessen. Dabei war
der Brunnen, der in einer Pfeilerlaube an Friedrich Ostermeyers
Adolph-von-Elm-Hof (1926–1927) stand, ein Versuch, die plas-
tische Kunst mit einer strengen Architektur zu verbinden. Die
so genannte Pfeilerlaube schien für ihn wie geschaffen zu sein,

brachte ihn vorteilhaft zur Geltung und war ein frühes Beispiel für Kunst im öffentlichen Raum. Aber das Spiel mit dem Wasser wurde mit dem Abriss der Pfeilerlaube zu seinem letzten Auftritt. Seine Schönheit liegt seitdem im Verborgenen. Und in meinen Garten sind die Ratten wieder eingezogen, mit der Bitte, den wunderschönen Brunnen aufzustellen.

# MHH macht die Superstars von morgen

(Musikhochschule Hamburg)

**Hochschule für Musik und Theater Hamburg**
**Harvestehuder Weg 12**
**20148 Hamburg**
**Telefon: 0 40/42 84 80**

**Anfahrt:**
**Bahnlinie U 1, Station Hallerstraße**
**Buslinie 109, Station Alsterchaussee**

**Informationen über das aktuelle Programm finden Sie auf der**
**Website der Hochschule:**
**www.musikhochschule-hamburg.de**

Man kennt und vor allen Dingen hört man die Konzerte im Stadtpark, die bei sehr günstigen Winden einen großen Raum von Hamburg beschallen, die einen oft neugierig machen, welche Band gerade auf der Bühne spielt. Das letzte Konzert habe ich mir in meinem Garten angehört, das sind ungefähr zwei Kilometer Luftlinie zur eigentlichen Bühne. Von einem guten Empfang konnte ich da wirklich nicht sprechen, und der Name der Band blieb mir selbstredend ein ungelöstes Geheimnis. Aber wer kann bei den heutigen Preisen schon so viele Konzerte bezahlen!? Natürlich niemand. Und ich auch nicht. Und meine sündhaft teuren Karten für „Madame Butterfly" – ich stehe im Regen vor der „Deutschen Oper" in Berlin – versuche ich auch gerade loszuschlagen. Ja, ich habe es auch ein wenig mit der Klassik. Warum ich das erzähle!? Weil die Hamburger Musikhochschule bis zu 300 Veranstaltungen im Jahr veranstaltet – und weil viele der Konzerte umsonst sind! Sie finden im Forum der Musikhochschule statt oder in der Musikhalle. Und kennt man die Musiker? Nein, aber man wird sie kennen lernen, denn viele der Klavier- oder Kammermusikabende, der

Jazz- oder Chorkonzerte werden von den Studierenden aufgeführt, aus Anlass ihrer Diplomprüfungen und Konzertexamina. Mariana Popova, Sergey Kudryawtsev, Pia Darmstädter oder Tobias Engli. Das sind die großen Namen von morgen. Und ich habe Glück, sie schon in ihren Anfängen entdecken und hören zu dürfen. Vielleicht kommen demnächst mal Ute Lemper, die düsteren Sisters of Mercy, der Chansonnier Tim Fischer, die Rapper von Seeed oder Smudo von den Fantastischen Vier in den Stadtpark? Das sind alles Künstler, die ihren Groove in Hamburg studiert haben, beim Popkurs an der Musikhochschule. Ja, man kann hier nämlich Popstar in nur sechs Wochen werden. Und wenn ich damals gewusst hätte, dass sie alle, alle in Hamburg studiert haben, dann hätte ich auch wissen können, dass sie alle im Rahmen ihres Diploms ein Abschlusskonzert gegeben haben – und das natürlich kostenlos. Die MHH macht eben die „Superstars" von morgen ...

# Eine Schale mit grünem Tee

(Das Teehaus Shoseian)

**Teehaus Shoseian**
**im Museum für Kunst und Gewerbe**
**Steintorplatz 1, 20099 Hamburg**
**Telefon: 040/428 54 27 32**

**Öffnungszeiten:**
**Täglich außer Mo von 10–18 Uhr, Do bis 21 Uhr**

**Die japanische Teezeremonie:**
**Kostenbeitrag 2,50 Euro zzgl. zum Eintritt in das Museum**
**(8,20 Euro, Do ermäßigt ab 17 Uhr)**
**Informationen u. Termine unter der o.g. Nummer**
**Anmeldung für größere Gruppen**
**jedes 3. Wochenende im Monat**
**Dauer: 35 Minuten**

„Die Teezeremonie in einer einfachen Hütte ist eine asketische Disziplin, die auf Buddhas Lehren fußt und zur geistigen Erleuchtung hinzielt. Sich um die Schönheit der Umgebung zu kümmern oder um den Geschmack des Tees, ist weltliches Gehabe." Das kommt aus dem Mund des bedeutendsten Teemeisters Japans, Sen no Rikyu (1521–1591), der zu seiner Zeit die kostbarsten Teegeräte sein Eigentum nannte und der für seinen Feldherrn, Hideyoshi, pompöse und öffentliche Teezeremonien in dessen Schlössern inszenierte. Von wegen weltliches Gehabe! Es war der Enkel des Rikyu, Sen no Sotan, der der heutigen Teezeremonie seine Gestalt gab, wie sie in der Ura-Senke-Schule durchgeführt wurde. Später teilte Sotan seinen Besitz unter seinen drei Söhnen auf. Und damit bildeten sich nach der Lage der Grundstücke drei Tee-Schulen, in denen die Kultur des Teetrinkens unterrichtet wurde. Ich sitze im „Teehaus Shoseian". Es besitzt einen drei Matten großen Raum, der für Zuschauer an zwei Seiten offen ist. Das Dach ist mit Schindeln aus Zypressenholz gedeckt, und die Wände haben keine tragenden Funktionen. Ich warte auf den Teemeister, auf eine Schale mit grünem, schaumigem Tee und japanische Süßigkeiten. Aber der Teemeister lässt noch auf sich warten. Das alles spielt sich vor meinen Augen und in Hamburg ab. Natürlich bin ich nicht nach Japan gefahren, um einen Tee zu trinken. Im „Teehaus Shoseian" wird Usucha, die übliche Teezeremonie, durch den Teemeister zelebriert: Im Boden des Teeraumes ist eine quadratische Feuerstelle eingelassen, auf der ein gegossener Eisenkessel steht. Um ihn herum platziert der Teemeister die restlichen Geräte, Büchsen für einen Pulvertee. Mit einem Bambuslöffel entnimmt der Teemeister dann eine bestimmte Menge Pulvertee, die in die Teeschale geschüttet wird. Anschließend werden die seltsamen Ingredienzen mit heißem Wasser übergossen und dann mit einem Bambusquirl schaumig geschlagen. So geschlagen kommt die Schale Tee in meine Hand. Übrigens: Vor diesem ungewöhnlichen Genuss beginnt der Teemeister mit der Reinigung der Schalen. Er benutzt ein spezielles Seidentuch, dessen Faltung und Handhabung offensichtlich seine besondere Aufmerksamkeit beansprucht. Ein Leinentuch dient ihm danach zum Auswischen der Schalen. Sind die Geräte und Schalen dann in der richtigen Anordnung um die quadratische Feuerstelle aufgebaut, beginnt der Teemeister mit einer zeremoniellen Reinigung, die zur Stabilisierung seiner Handbewegungen führen soll, beim Abmessen, Aufgießen und Schlagen des Tees. Ich muss mich verbeugen, nehme die Schale mit beiden Händen, erhebe und drehe sie laut Anweisungen und trinke den Tee in drei Schlucken. Und ich trinke auch ein bisschen von den Geheimnissen Japans, trinke ein Stück der fernöstlichen Kultur, deren Traditionen und Gebräuche noch immer für mich verschlossen sind. Aber was habe ich von einer Schale Tee auch erwartet?

# Durch das Auge von Bismarck
(Die Katakomben unter dem Denkmal)

**Bismarck-Denkmal**

**Anfahrt mit der Bahnlinie U 3
bis Station St. Pauli,
dann immer dem Denkmal nach**

**Wenn Sie Fragen haben, sollten Sie sich
höflichst an das Tiefbauamt wenden**

Sein Mittelfinger misst einen Meter. Und sein Kopf ist höher als
1,80 Meter. Wie groß die steinernen Augen des Reichskanzlers
Otto von Bismarck sind, liegt im Spekulativen. Aber ein Freund
hat behauptet, dass man durch das Auge von Bismarck auf
den Hafen sehen kann. Es sind die Fenster einer Wohnung, die
in dem großen Kopf liegt – vermutlich aber eher im Bereich
einer unbekannten Gerüchteküche … Auf jeden Fall ist Otto
von Bismarck nicht zu übersehen. Auf einer Anhöhe des
Geestrandes (nahe dem Stintfang) erhebt sich der Eiserne
Kanzler auf die stattliche Höhe von 14,80 Metern. Der Berliner
Bildhauer Hugo Lederer schuf die Statue in den Jahren 1903
bis 1906 aus geschliffenen Findlingsblöcken aus dem Schwarz-
wald. Aufgestellt und eingeweiht wurde das Denkmal am 2. 6.
1906. Aber ehrlich gesagt, mich interessieren nur die Füße von
Otto von Bismarck. Schuhe in dieser Größe gibt es natürlich
nicht zu kaufen, und ich will ihm an dieser Stelle eigentlich nur
unter die Sohlen schauen. Denn die Figur steht auf einem un-
terkellerten Plateau mit zwei Treppenaufgängen. Und um den
19 Meter hohen Unterbau wurden Reliefs mit Szenen aus der
deutschen Geschichte angelegt. Das ist es, was ich sehen will!
Das ist es, was im Verborgenen liegt. Aber die Entdeckung
bleibt mir selbst nach einer Nachfrage beim Tiefbauamt ver-
wehrt. Sozusagen: „Das Betreten dieser Baustelle ist unter-
sagt!" Aber vielleicht will man dieses unterirdische Refugium

der Öffentlichkeit nicht zugänglich machen, weil sich angeblich im Innern nicht nur Reliefs zur deutschen Geschichte befinden sollen, sondern auch „Graffiti" von SS-Schergen und Offizieren, die im Zweiten Weltkrieg Unterschlupf unter Ottos Füßen suchten – und die darum nur von einem unrühmlichen Teil Deutschlands zu berichten haben. Aber ist das nicht nur eine Legende des St. Pauli Stadtteilarchivs? Schließlich arbeiten wir doch alle an der Aufarbeitung der Geschichte. Und verstecken lässt sie sich längst nicht mehr. Wie gesagt, ist das innere Denkmal zurzeit nicht zu begehen – und bleibt damit einer der wirklich geheimnisvollen Orte in Hamburg.

# Seit der Abschaffung des Fernsehturms …

(Die schönste Aussicht über Hamburg in der Endoklinik)

**Cafeteria im Staffelgeschoss
ENDO-Klinik Hamburg GmbH
Orthopädie
Holstenstraße 2
D-22767 Hamburg**

**Öffnungszeiten: 7.45–18 Uhr**

**Anreise per S-Bahn:
S-Bahn-Linien S 1 und S 3. An der Haltestelle Reeperbahn
aussteigen (Ausgang Richtung Nobistor Altona)**

„Patienten, die die erste postoperative Phase gut überstanden haben, treffen sich hier mit ihren Angehörigen oder Mitpatienten, um Erfahrungen auszutauschen und um den Blick über Hamburg zu genießen. Kommen Sie dazu!"
Ich bin mir wirklich nicht sicher, ob das eine Einladung zu meiner Knie-Erstoperation ist, um mir eine Kniegelenk-Endprothese in Hamburg implantieren zu lassen. Und ob das nicht gleichzeitig die Voraussetzung ist, damit ich überhaupt die Cafeteria im Staffelgeschoss der Endoklinik in Hamburg betreten darf. Ich werde mich nicht operieren lassen, vielleicht in zwanzig Jahren, und mache mich trotzdem auf den Weg, aber eben nicht, um die Cafeteria zu besuchen. Sie wird lediglich ein Übergang zu meinem Tor zur Welt sein.
„Einen Kaffee darfst Du dort auf keinen Fall trinken", hat mir der gesagt, der mir diesen Tipp gegeben hat. Ich habe nicht nach dem Warum gefragt. Ich weiß, dass er Angst vor der Anwesenheit von ‚Krankheiten' hat, selbst wenn er nicht von ihnen betroffen ist. Er ist niemals an diesem Ort gewesen und kennt ihn nur vom Hören und Sagen.

Und ich will einfach sehen, ob das nun wirklich stimmt, mit der schönsten Aussicht über die Elbmetropole. Denn seit der Abschaffung des Fernsehturms ist das vielleicht wieder einmal eine Möglichkeit, ganz Hamburg mit einem Blick zu genießen.

Natürlich ist es schon ungewöhnlich, mit einer Vielzahl von Menschen an Krücken und mehreren Pflegekräften im Fahrstuhl zur Cafeteria zu fahren. Auf dem Weg nach oben will ich ständig nach unten. Aber die Atmosphäre im Fahrstuhl bleibt entspannt und locker. Vermutlich haben sie alle die erste postoperative Phase gut überstanden und treffen sich nun mit ihren Angehörigen oder Mitpatienten auf dem Dach, um den Blick über Hamburg zu genießen. Ich komme gar nicht zum Kaffee. Ich halte den Atem an. Ich stehe auf der umlaufenden Terrasse des Staffelgeschosses der Endoklinik und genieße genau diesen versprochenen und einzigartigen Blick über den Hamburger Hafen, die Elbe und die Innenstadt. Und dann? Dann trinke ich doch noch einen Kaffee, draußen auf einer der Bänke.

# Verrostete Gräber
(Das Schimmelmann Mausoleum)

**Schimmelmann Mausoleum**
**Wandsbeker Allee/Wandsbeker Marktstraße,**
**auf dem Gelände der Christuskirche**
**22041 Hamburg**

**Schlüssel zur Besichtigung:**
**im Gemeindehaus der Christuskirche**

**Anfahrt:**
**Mit der Bahnlinie U 1 oder U 2 bis Wandsbek-Markt**

Auf einmal liegt der Verkehr in der Wandsbeker Allee und der Wandsbeker Marktstraße still. Im gleichen Moment fängt sich der Wind in meinen Kleidern, und die Sonne nimmt Abschied hinter einigen Wolken. Es fehlt nur noch ein wenig Regen – und der lässt nicht lange auf sich warten. Schon taucht mich ein diffuses Licht ein, während ich mit fragenden Augen vor einem rostigen Grab stehe: Es hat keinen Namen. Es scheint mir ein wenig unheimlich, weil es mir nichts zu sagen hat. Überall stehen diese eisernen Grabsteine und -kreuze, im Schatten des Schimmelmann Mausoleums (1787–1791), einem Ort, der in dieser Ecke von Wandsbek deplatziert wirkt. Im Schimmelmann Mausoleum stehen alte Sarkophage. Sie erinnern mich an die Pyramiden, Pharaonen und natürlich die Mumien, die in schlechten Filmen nach tausend Jahren wieder auferstehen. In einem der Sarkophage ist der Auftraggeber des Schimmelmann Mausoleums begraben. Schimmelmann (1724–1782) selbstverständlich. Einst ist er Schatzmeister des dänischen Königs gewesen. Er lebte vier Jahre im Wandsbeker Schloss (ab 1778), vier Jahre, in denen er sich angeblich schon mit seinem Tod und seiner Begräbnisstätte beschäftigte. C. G. Horn, ein einfacher Maurer, sollte ihm das Zeichen seines Todes setzen. C. G. Horn hat auch das Wandsbeker Schloss gebaut, aber das Schimmelmann Mausoleum schien für ihn eine „wertvolle" architektonische Aufgabe zu sein. Selbststudien hatten den einfachen Maurer zu großen Entwürfen und Bauten befähigt. Das Grabmal sollte in Wandsbek stehen, in der Nähe der Kirche und des Altars. Schimmelmann starb übrigens schon mit 58 Jahren in Kopenhagen und musste derzeit noch auf sein Grabmal warten. Denn C. G. Horn ließ sich erst einmal inspirieren. Er arbeitete mit anderen Künstlern zusammen, unter anderem mit dem Italiener Antolini, der mit seinen Zeichnungen einen entscheidenden Einfluss auf die Gestaltung der Sarkophage genommen hat. Die dunklen Sarkophage sind ebenso schlicht gehalten wie das Schimmelmann Mausoleum selbst. Aber das ist das Ziel von C. G. Horn gewesen: eine einfache, bescheidene und schlichte Begräbnisstätte. So entstand unter Veränderung der zunächst flachen Kuppel das Schimmelmann Mausoleum mit einer höheren Kuppel, und nichts an diesem Bau ließe darauf schließen, dass im Innern die Begräbnisstätte alles andere als schlicht ist. Wer das sehen möchte, die letzten Spuren untergegangener Begräbniskulturen, wendet sich einfach an das Gemeindehaus in der Christuskirche gleich nebenan, wo Sie mit Sicherheit einen Schlüssel zum Schimmelmann Mausoleum erhalten werden. Ich wende mich noch einmal dem verrosteten Grab zu, das mich an diesem Tag noch ein wenig mehr in seinen Bann gezogen hat.

# Die Mafia in Hamm?
(Die Zigarrenmanufaktur Luhmann)

**36**

**Luhmann Tabakwaren**
**Caspar-Voght-Straße 86**
**20535 Hamburg**
**Telefon: 0 40/20 49 91**

**Anfahrt:**
**Mit der Bahnlinie S 1 bis Station Hasselbrook oder**
**mit der Buslinie 116 zur Station Caspar-Voght-Straße**

**Öffnungszeiten:**
**Mo–Fr 9–17 Uhr, Sa geschlossen**

Ich kenne das nur aus amerikanischen Filmproduktionen über
die Mafia: Schwere, schwarze und schusssichere Limousinen,
die irgendwo in Little Italy, vielleicht auch in den Straßen der
Bronx, vor schlecht beleuchteten, schäbigen, italienischen Trat-
torias auf ihre Herrchen, die Paten, warten. Und in so einer
Trattoria schweigt dann eine Hand voll Robert de Niros, Al Pa-
cinos und Marlon Brandos über wackeligen Holztischen mit
rot-weiß karierten Tischdecken. Alle wichtigen Entscheidungen sind natürlich mit einem einzigen Augenaufschlag schon
längst gefallen. Also, was hat diese ehrenwerte Gesellschaft in
dieser Trattoria verloren? Nichts. Sie warten alle nur auf diese
eine Pasta, die beste Pasta in ganz New York, die sie nur bei
diesem einen Luigi bekommen. Schnitt: Ich kenne das jetzt
auch aus deutschen Straßenszenen; Szenen in Hamburg:
Schwere, schwarze, vielleicht noch nicht schusssichere Limousinen, die irgendwo in Billbrook, vielleicht auch in den Straßen
von Hamm vor einer schlecht beleuchteten, schäbigen und ver-
fallenden Fassade einer Zigarrenmanufaktur auf ihre Besitzer,
die Raucher, warten. Und in dieser Zigarrenmanufaktur von
1842 schweigt dann eine Hand voll Raucher und die, die es
werden wollen, über einem uralten braunen Holztresen, auf

dem einzelne Zigarren liegen. Alle wichtigen Entscheidungen sind natürlich mit einem einzelnen Atemzug schon längst gefallen. Also, worauf wartet diese qualmende Gesellschaft noch? Sie warten alle nur auf diese eine, ihre individuelle Zigarre, die beste Zigarre in der ganzen Stadt, die sie nur bei diesem einen Luhmann in Hamburg-Hamm bekommen.

# Auf allen Kanälen
### (Die Kanäle von Hammerbrook und Hamm)

**Barkassenfahrt durch
Hammerbrook und Hamm
Info: Stadtteilarchiv Hamm
Telefon: 0 40/18 15 14 93
www.hh-hamm.de**

**Anfahrt:
mit der Bahnlinie U 3 bis Station Rauhes Haus**

Es ist immer die Alster, immer die Elbe und natürlich der Hafen, wenn man Hamburg vom Wasser aus sehen will. Große Hafenrundfahrten, die Kleine Hafenrundfahrt, eine Riverboat-Party, das Störtebeker Seefahrergelage (Piratenkreuzfahrt) oder die „Alternative Hafenrundfahrt", die „Hafenrundfahrt Arbeit" zum Beispiel oder die „Hafenrundfahrt Umwelt". Hamburg gibt es also auf allen Kanälen, bis man den Kanal vielleicht selbst einmal „voll" hat. Aber sind Sie schon einmal über die Bille gefahren? Über das Hochwasserbassin, den Mittellandkanal, Südkanal, Rückerskanal, den Bullenhuser Kanal, den Tiefstackkanal bis zur Tiefstackschleuse? Und haben Sie schon die Billerhuder Insel umrundet, mitten im ehemaligen „Arbeiterparadies" von Hammerbrook? Wahrscheinlich würde Ihnen das nicht im Traum einfallen. Trotzdem bietet das Stadtteilarchiv Hamm e.V. diese ganz besondere Tour an, für alle, die sich für die Geschichte und das Leben auf den Kanälen in Hamm und Hammerbrook interessieren. Sie führt entlang an Industrieanlagen, Gewerbehäusern, Warenlagern und tristen roten Backsteinbauten, und mich erinnert das an den „Tod in Venedig", an die Schattenseiten von Kanälen, in denen das schöne Hamburg nicht vorkommt. Auch die Erinnerungen an einen regen Schiffsverkehr auf der Bille tauchen nicht auf. Und der ehemalige Eisbrecher, ein Hafenschlepper mit Dampfmaschine, der vor den Brücken seinen Schornstein umlegen musste, um sie unterqueren zu können, hielt die Schiffswege im Winter frei, damit die Firmen ihre Waren erhielten. Viele von ihnen wurden über das Wasser versorgt. Aber das alles sind Geschichten aus dem Mund des Barkassenführers, die Bilder in meinem Kopf erzeugen können, aber nichts mit dem morbiden Charme zu tun haben, der über der Bille liegt. Dieser Charme geht nicht verloren, obwohl Hamburg seit Jahren ver-

sucht, die Südstadt attraktiver zu machen, unter anderem mit Wanderwegen entlang der vergessenen Kanäle. Und dann empfangen mich wieder die St. Pauli Landungsbrücken, Hamburg in seiner ganzen Schönheit, die mit dieser Barkassenfahrt irgendwie in Frage gestellt worden ist. Trotzdem sollten Sie sich an das Stadtteilarchiv Hamm e.V. wenden und um einen Tanz auf den Wellen von Hamm und Hammerbrook bitten.

# Das geheime Bonbon
(Die Schlange vor dem Bonbonhändler Pringel)

**Die Schlange vor dem
Bonbonhändler Pringel
auf dem Isemarkt
Isestraße
20149 Hamburg**

**Marktzeiten: Di u. Fr. 8.30–14 Uhr**

**Anfahrt:
mit der Bahnlinie U 3 bis zum Eppendorfer Baum
oder zur Hoheluftchaussee**

Ich höre nur ihren unterdrückten Schrei, dann legt sich wieder der Wind über meine Ohren und die Gondel schaukelt sich aus. Martina und ich sitzen wohl an einem der faszinierendsten Orte hoch oben über den Dächern von Hamburg, auf dem höchsten Punkt im Riesenrad in einer Gondel. Niemand kann uns hören. Niemand kann uns sehen. Niemand wird uns verfolgen können. Das ist mir ein bisschen unheimlich. Ich starre auf den Lichterwald über dem Hamburger Dom. Und unweigerlich muss ich an eine Schlange denken, die gibt es schließlich unten auf dem Dom vor allen Buden, aber ich meine die Schlange vor dem Bonbonhändler Pringel, die Wartenden vor seinem Stand. Was daran ist ungewöhnlich, wenn Menschen vor einem Stand warten? Eigentlich nichts, und Bonbons sind lediglich geformte Stücke Zuckerware mit aromatischen Zusätzen. Trotzdem sind die Bonbons von Pringel ein absoluter Geheimtipp! Ehrensache. Und manchmal muss es halt ein Bonbonhändler sein, der nicht versteckt ist, der keine unheimliche Geschichte schreiben wird, aber über den alle in Eppendorf zu erzählen wissen. Und vielleicht braucht es nur noch zehn Jahre, damit sich Bonbon-Pringel neben der Zitronenjette, Aal-Dieter und zwischen anderen Hamburger Originalen etablieren kann. Es müssen nur noch mehr Geschichten um den Bonbonhändler Pringel entstehen. Schon am nächsten Freitag werde ich wieder versuchen, ihn auf dem Isemarkt zu finden, um an einem seiner Geheimnisse beziehungsweise an einem schwarz-weiß gestreiften Lakritzbonbon zu lutschen.

# Die gekreuzten Möhrchen
(Täglich wechselnde Tagesköche)

**Gekreuzte Möhrchen**
**Frank Gautier | Ulf Mahn GbR**
**Bernstorffstr. 89, 22767 Hamburg**

**Tel. 0 40/4 39 70 94 (nach 14 Uhr AB)**
**mobil: 0179/5 09 98 52**
**kueche@gekreuztemoehrchen.de**
**www.gekreuztemoehrchen.de**

„Heute. Ganz aktuell. Unser Tagestipp. Ayurvedische Köchin. Sämtliche Zutaten und die Getränke für das Menü sind bitte mitzubringen! Das Angebot gilt in der Zeit zwischen 17 und 24 Uhr! Bestellen Sie Martina Kobs-Metzger jetzt!"
Das klingt nicht wie Fegato di vitello alla griglia, auch nicht wie mein „Tischlein deckt sich" innerhalb der nächsten dreißig Minuten, hier in den ‚Gekreuzten Möhrchen'. Vielleicht sollte ich ums Eck ziehen und mir einen Döner antun. Oder ähnliche Fast-Food-Geschichten, um meinen Magen von seiner Arbeitslosigkeit zu befreien. Also lege ich den aktuellen Martina Kobs-Metzger-Tipp zurück zwischen die normale Kochkarte. Und entdecke in ihr weitere Köche, die um meinen Gaumen einen Wettbewerb anstellen wollen. Vielleicht sollte ich Nummer 9 bestellen, Seetha Langley, eine indische Köchin, die mit einem Grundlagenstudium in indisch-vegetarischer Kochwissenschaft um meine Immatrikulation wirbt. Aber heute geht es mir nicht so curry und ich lasse Indien links von meinem Appetit liegen. Alle Stilrichtungen des Kochens scheinen in der Karte vereint worden zu sein. Und ich überlege mittlerweile ernsthaft, ob ich und ein Koch, ob das überhaupt gutgehen kann, der Koch und ich, wo ich doch selbst so gut und frisch auf den Tisch kochen kann. Vermutlich werde ich mich bekochen lassen, um das bekannte Verderben des Breis zu verhindern. Auch das ist laut Kochkarte möglich! Das mit dem Bekochenlassen.

Übrigens. Ich sitze in einem Café! Präziser formuliert: Ich saß in einem Café! Noch genauer: Das Café existiert in diesem Augenblick nicht mehr, während ich da drin sitze. Es findet nur noch in meinem Kopf statt. Aber schon morgen wird es wieder ein Café sein, das Café in den ‚Gekreuzten Möhrchen'. Das klingt ein wenig kafkaesk, vielleicht wäre es in dieser Situation sogar besser, kafeeesk zu sagen, wenn es dieses Wort denn geben würde. Aber schon der nächste Gast sieht sich nur noch vor zwei Esstischen in einem großen Raum stehen. Das Café ist längst verschwunden. Das Café ist aus den ‚Gekreuzten Möhrchen' ausgezogen. Mitsamt Gepäck und Gebäck. Und zurück bleibt dem hungrigen Beobachter eine exklusiv und professionell eingerichtete Küche, eine Wohnkücke – eine zu mieten, eine, die einem Bratfreuden und Kochlust verspricht. Eine Küche für alle, denen der Platz oder das Geschirr zu Hause fehlt. Eine für jene, die aus Versehen ihre ganz Familie zum Essen eingeladen haben. Bis zu sechzehn Personen finden an der Tafelrunde ihren Platz und können darüber entscheiden, ob sie gemeinsam kochen oder kochen lassen, ob sie dann gemeinsam aufräumen oder auch aufräumen lassen.

Und dann am nächsten Morgen. Dann wird wieder das Café ohne Namen in die ‚gekreuzten Möhrchen' einziehen, so als ob in der letzten Nacht in der Mietküche nicht getrunken und gefeiert worden wäre.

# Literaturhinweise

Oliver Breitfeld, Campagna am Elbhang, Der Römische Garten in Hamburg-Blankenese, Christians Verlag, 2003

Die Welten des Richard Dehmel, Verlag Traugott Bautz, 1995

Gunnar F. Gerlach/Thomas Sello/Gerd Stange, Verhörzelle, Dölling und Galitz Verlag, 1994

Hamburgs unbekannte Kulturdenkmäler, L & H Verlag, 1997

Kiek mol, Kulturbehörde (Hrsg.), Dölling & Galitz Verlag, 1998

Michael Koglin, Hamburg komplett, Ein Verführer durch alle Museen und Schauspielausstellungen der Hansestadt, Junius Verlag, 1995

Helga Schmal/Tobias Selke, Bunker, Luftschutz und Luftschutzbau in Hamburg, Christians Verlag, 2001

Günter Zint, Die weiße Taube flog für immer davon, Rowohlt Verlag, 1984

# Lou A. Probsthayn

… wurde irgendwann in Berlin geboren, lebt aber schon seit seinem dritten Lebensmonat in Hamburg. Lou A. Probsthayn studierte Germanistik und Kunstgeschichte in Hamburg und ist Gründungsmitglied der Hamburger Autorengruppe PENG und des umstrittenen Hamburger Dogmas. 1991 und 1999 erhielt er einen Förderpreis der Stadt Hamburg, war 1996 Stipendiat der Arno-Schmidt-Stiftung und 1997 Stipendiat der Kestler-Häusler-Stiftung. 2001 wurde er Sieger in der Sparte Prosa an der Literaturbörse beim „Steirischen Herbst" in Graz. Wichtigste Veröffentlichungen u.a.:

Dumm gelaufen (Roman, 1996, Achilla Presse),

Die Welt ist Hund (Roman, 1997, Achilla Presse),

Müll (Roman, 2002, yedermann Verlag, München),

Der Benutzer (Roman 2006, yedermann Verlag, München).